敦煌歴史文化絵巻

敦煌の飲食文化

高啓安 著
高田時雄 監訳
山本孝子 訳

東方書店

敦煌莫高窟
撮影＝范宏偉

敦煌のヤルダン地形
撮影＝范宏偉

二

百種の什器　食品の加工と食器

五 敦煌の人と酒 139

八 建ち並ぶ飲食店　敦煌の飲食業 205

まえがき

むかし、こんなことを言った人がいる。「西洋人は色を好み、中国人は食にこだわる」。つまり、西方では性文化が、中国では飲食文化が発達しているというのである。食べることは中国人にとって何よりも大事なことなのだ。また、このような言い回しもある。「開門七件事」。暮らしを立ててゆくのに必要な七つのものとは、柴、米、油、塩、醤油、酢、茶を指していうのだが、いずれも「食」と関わるものである。また統治者にとっては、「民以食為天（民は食を以て天となす）」という格言が重要な意味を持つ。歴代、王朝を滅亡に導いた農民蜂起は、ほとんどの場合、「食」の問題と直結するものであり、「餓殍《がひょう》遍野（餓死者の屍が野原一面に横たわる）」「人相食（人が人を食べる）」「飢餓民」といった血生臭い表現をもって語られる。中国人は強靱でどんな困難にも耐え抜く辛抱強さで天下に知られており、住む家がなくとも、藁葺き小屋や洞穴で暑さ寒さをしのぎ、暮らすこともいとわなかった。しかし、空腹が満たされないことだけは我慢ならなかったのである。靴すらなくわらじ履きあるいは裸足で歩き、破れた服しか身につけることができずとも、食べるものさえあればそれほど気にはしなかった。そのため、統治者たちは常に民衆の食の問題に関心を払い続けてきたのである。毛沢東も常々中国革命の中心となるのは農民問題であり、農民問題の根本は土地問題であり、土地問題とはつまるところ「民食（人民の食事）」の問題なのである、と口にしていた。農業社会において、土地は食物を獲得するために最も重要な条件なのである。

このように「食」は中国人の骨髄にまでしみわたっている。中国人にとって、「もう食べた？」が日常のあいさつことばである。外国人であっても中国文化について少し知識のある人なら誰でも知っているだろう。中国西部出身のある共産党代表が、党の代表大会でトップに面会したときもあいさつは「もう召し上がりましたか？」であった。食べること、それは中国人にとって生きていく上で最も重要な事柄なのである。人へのプレゼントも食べ物、先祖神様へのお供えも食べ物。冠婚葬祭、歓送迎会には酒肴を調え、盛大に饗宴を開く。ある地域では客が来たときには、それが食事時であろうがなかろうが、必ず食べ物を用意してもてなすという習慣さえある。中国人にとって、客にごちそうするという行為は相手への親しみや尊重する気持ちを示す意味合いがある。今日でも飲食に関わる行事・催しは日常生活の中で重要な位置付けにあるのだが、それは数千年に渡り食物が十分に手に入れられない状態が続いていたことの反映でもあり、貴重であるがために非常に重視されるのである。中国人ほど食べ物にこだわりを持つ民族はほかに存在しないだろう。中国で飲食文化が発達した背景にはこのような事情が関係している。これまでに記された食に関する書物はおびただしい数に上り、歴代王朝により編纂された歴史書や逸聞や瑣事を記載した文章、随筆や小説など文学作品の至るところに食に関する話題が氾濫している。食べることこそが生きることであり、食に対する執着心は尋常ではない。豊富で多様性に満ちた飲食文化はこれを原動力として産み出されてきたのである。

国内外に名を知らしめる（その理由はご存知の通りである）敦煌あるいは敦煌学ということばを聞いたことのない人はいないだろう。敦煌は世界屈指の観光地であり、毎年数十万の旅行者がこの地を訪れている。敦煌学は世界に名だたる学問分野であり、その多種多様な研究材料をもって専門家の興味を惹きつけてやまず、その研究成果も注目を集め続けてきた。それにも関わらず、敦煌の人びとの飲食習慣をよく知る人は少ない。しばしば、旅行客に「敦煌ではどのようなものが食べられていたんですか？ どのように食べていたんですか？」と聞かれることがある。幸いにも、この問いに対する答えは、敦煌蔵経洞から発見された文献資料や敦煌の石窟壁画の中に見つけ出すことができる。唐代から宋代にかけての飲食に関する資料が大量に残されており、ここから当時の敦煌の人びとが口にしていた食べ物の種類や名称、その調理法、食習慣、食べ方、飲酒習慣などを知ることができるのである。

敦煌の人びとはいったい何をどのように食べていたのであろうか。一〇〇〇年前にさかのぼって見てみることにしよう。

一

百《ひゃく》味《み》の飲《おん》食《じき》

原材料の調達

土地の食べ物というのは、その土地で採れるものと関わっている。交通網が発達した今日においては、海から遠く離れた敦煌《とんこう》の地でも新鮮な海産物を口にすることができる。しかし、一昔前まではそうではなかった。日常的に口にできるのは主にその土地で育つものであり、地理や気候に左右される。南方の食卓には魚が並び、魚が何よりのごちそうであった。北方では羊肉や乳製品をよく食べ、羊肉に勝るものはないと考えられている。農耕民族と遊牧民族、両者の食文化は大きく異なっており、互いの食文化への適応は決して容易いことではなかった。漢代細君公主《さいくんこうしゅ》が遠く烏孫《うそん》に嫁ぐにあたりこのように詠んでいる。「漢は私を天のかなたに嫁がせようとしています。遠く異国にいるという烏孫の王様。テント暮らしで、その壁はフェルトで作られ、肉を食べ乳製品を飲んでいるというではありませんか。故郷を思い心は痛むばかりです。鶴となって空を飛びわが故郷に帰れることを願ってやみません」。遊牧民の食習慣に不安を覚え、故郷への思いをつのらせる細君公主の心の内が伝わってくる。

どのような飲食形式が先進的で、人間の生理的欲求に見合っているのか、これは本書の論じ得るところではなく、また統一された基準も存在しない。いにしえより現在に至るまで、食物の獲得方法・生産手段がさまざま試みられてきた中で飲食習慣が形成され、それが地域的特徴あるいは民族的特徴を示す指標ともなっている。

さて、敦煌の地理、気候、特産物について順に見ていくことにしよう。

まずは、敦煌の地理について。周知のとおり、敦煌は世界最大の大陸、ユーラシア大陸の中部に位置している。五〇〇〇万年前インドプレートが北へ移動したことによって、ユーラシアプレートと衝突し、地殻が盛り上がるようにしてチベット高原とヒマラヤ山脈が形成された。このラクダのこぶのような隆起によって、アジアはインド亜大陸と南北に隔てられることとなる。山脈の南部は雨量が多く湿潤であるが、他方、山脈の北部はインド洋からの暖かい気流が遮られることで空気が非常に乾燥し、世界第二の砂漠であるタクラマカン砂漠が広がっている。歴史に名高いシルクロードはこの広大な砂漠を横断し、東方から中央アジア、西アジアを経てさらにローマまで繋がっていたのである。

古代のシルクロードを概観すると、それが直線ではなく、水のあるところ（あるいは、あったところ）に沿って曲線を描き、砂漠に点在するオアシスをたどっていることに気付くだろう。人びとは生死をかけて頑なに繰り返しこの道を往来していたのである。敦煌はまさにこのタクラマカン砂漠の東端、河西回廊《かせいかいろう》の西端に位置する比較的大きなオアシスのひとつである。乾燥した砂漠気候帯に属しているが、祁連山《きれんざん》の雪解け水が党河《とうが》、宕泉河《とうせんが》、疏勒河《そろくが》となって流れこみ、豊かな地下水が貯えられている。祁連山脈の水は、他の河西回廊の大小オアシスにも同様に注ぎ、街々を潤しているが、敦煌はその中でも特に自然条件に恵まれた都市である。

敦煌は漢の武帝《ぶてい》が匈奴《きょうど》を攻撃した際に開拓され、漢の領土となってからは農業生産が開始された。敦煌における農業の開発は早く、漢代に郡が置かれる以前から敦煌は人が暮らすのに理想的な場所であった。また古来、周辺に牧草地が広がるという自然条件、東西交通の要所であるという地理条件を同時に備えていたため、この土地を巡り、羌《きょう》、塞《さい》、烏孫、月氏《げつし》、匈奴といった民族が度々戦いを繰り広げてきた。

動物の肉を食べその乳を飲むのは遊牧民族の飲食習慣である。史料には、匈奴が月氏王の頭蓋骨をさかずきとして酒を飲んだことが記録に残されている。それが動物の乳から造る乳酒であったか、植物性原料を醸造したものであったかは知る由も無いが、当時匈奴がすでに酒を加工する技術を有していたことだけは確かである。

『漢書《かんじょ》』によれば、当時西域でもオアシス国家によっては、自然に任せた半牧半農の生活を送っていたらしい。敦煌もまたその例外ではなかったであろう。敦煌における早期農業開発を裏付ける考古資料が発見されており、遅くとも新石器時代に敦煌では原料を加工するための磨製《ませい》石器が使用されていたことが確認されている（なお、これらの磨製石器は現在陽関《ようかん》博物館や敦煌市博物館に所蔵されている）。また、類似の磨製石器は河西回廊や新疆《しんきょう》各地でも発見されている。磨製石器は採集を中心とする原始的な農業生産物の加工が行われていたことを示すものである。敦煌からほど近い民楽《みんらく》県東灰山《とうかいざん》遺跡からは、炭化した五〇〇〇年前のオオムギ、コムギ、コウリャン、アワ、キビの種子が出土している。このほか、玉門《ぎょくもん》や敦煌でも砂質の土で作られた素焼きの甕《おう》（第二章六六頁参照）が発見されている。玉門火焼溝《かしょうこう》遺址では、馬、牛、羊、豚などの動物の骨が見つかっているが、なかでも最も多いのは羊の骨である。ここから、オアシスで暮らし始めた人びとは、さまざまな動物を飼育し、石製の鋤《すき》やシャベル、酒器を使用し、アワなどを貯蔵していたことがわかる。敦煌の古陽関《こようかん》、西土溝《せいどこう》などの遺跡からも古代人の活動の跡が発見されている。敦煌からは他にも石斧《せきふ》や石鎌《せきれん》など農業生産活動で用いられた工具が見つかっている。敦煌の西に位置するハミでは、四〇〇〇年以上前から農業が行われていた。当時の敦煌およびその周辺では、社会の生産力は相当に発達していた。コムギが、その原産地から東方の中国へと敦煌を経由せずに伝わるとは考えられず、当地の農業の開発状況は上述の各地域と大差なかったものと考えられる。漢代に郡が設置される前にも敦煌は農業生産活動を行っていた。当時の敦煌では遊牧民的な性格を保ちながらも農耕民的要素も取り入れた飲食文化を持っていたと推測される。

前漢・元狩《げんしゅ》二年（前一二一）、漢の武帝は河西回廊に武威《ぶい》、酒泉《しゅせん》の二郡を設置した。敦煌には酒泉玉門都《と》尉《い》が置かれ、酒泉郡に属することとなる。元鼎《げんてい》六年（前一一一）以後には加えて張掖《ちょうえき》、敦煌の二郡が設置される。これがいわゆる河西四郡である。敦煌郡の管轄下には、敦煌、冥安《めいあん》、効穀《こうこく》、淵泉《えんせん》、広至《こうじ》、龍勒《りゅうろく》の六県が置かれた。敦煌郡の設置以前から、漢の朝廷は河西に民衆を移住させ、辺境の防衛にあたらせていた。郡の設置後は屯田および辺境防衛のための移民開墾政策が実行され、河西地域に向けて内地から民衆や犯罪者が大量に送り込まれている。恵まれた自然条件と中原から持ち込まれた最新の農耕技術によって、敦煌の経済は大きく発展を遂げることとなり、その時の様子は地名にも残されている。たとえば、効穀県という県名は当時魚沢尉《ぎょたくい》であった崔不意《さいふい》が民衆に耕作を促し、「勤効得穀（効に勤めて穀を得た）」ことに由来する。こうして、漢族が敦煌の人口の主要部分を占めるようになると、敦煌地域の飲食文化の中心は、遊牧から農業へと完全に移行してしまうのである。

早期の敦煌の飲食文化については、史料が乏しいもののその一端をうかがうことができる。また、唐代以降になると庶民の社会生活を反映する壁画が比較的多く残されており、伝世文献においても敦煌にかかわる記述が増えてくる。それに加え、蔵経洞から発見された大量の文書により、遂に神秘のベールが剥がされることとなったのである。

1. 穀物・マメ・イモ類

中国人が最初に栽培を始めた食糧は主にアワ・キビ・大豆であった。そのうちアワやキビは今日に至るまで河西回廊の一部地域において主食として欠かすことのできないものとなっている。その後、コムギやエンドウなどが次々と西方から中原にもたらされ、中国人の食卓は少しずつ豊かになり、アワやキビ、マメの羹《あつもの》だけでなく、麦飯なども食べられるようになる。ただ、最初の頃はコムギの食用加工技術はまだ十分に発達しておらず、雑穀の一種にすぎなかった。そのため、アワやキビが主食であった。

敦煌文書に記されるところによると、唐五代から宋代にかけて主食用には、コムギ・オオムギ・ハダカムギ・うるち米などの主穀、アワ・キビなどの雑穀、豌豆《えんどう》・蓽豆《ひっとう》(いずれもエンドウの一種)・黒豆・大豆・豇豆《こうとう》(ササゲ)・小豆・雁豆《がんとう》(ソラマメの一種)などの菽穀《しゆくこく》(豆類)、ソバなどの擬穀が生産されていた。

敦煌文書には、一五種余りの穀物・マメ・イモ類が栽培されていたことが記録される。一方、敦煌や河西回廊に関する近代の地理書から確認される、清代の終り頃に育てられていた品種も同じく十数種を数えるのみである。オアシス農業都市・敦煌では、中世にはすでに近代に引けを取らない種類の農作物が栽培されていたのであり、農業は十分に発達した段階にあったといえる。

唐五代期には、すでにコムギが敦煌一帯の主食となっており、今もそうであるが、コムギの一次加工品は何種類も存在していた。ひとつには「頭麺」あるいは「白麺」と呼ばれるもの(精白小麦、胚乳部分のみを残し果皮や胚芽を取り除いたもの)があり、主に餅《へい》(中国式クレープ)など上等な食品を作るために使われた。また別に「粗麺(粒子の粗い粉、セモリナ粉)」あるいは「黒麺(挽いたコムギをふるいにかけた後に残る果皮や胚芽部分の粉、頭麺や白麺を回収した後に残る粉)」と呼ばれるもの、「連麩麺(麩《ふすま》を含んだ粉)」と呼ばれる種類のものもあった。「連麩麺」は現在のものとやや異なり、ふすまを取り除かずに挽いて粉にしたもの、つまり全粒粉であったと思われる。ふすまもまた加工品のひとつである。

またこの頃には、アワやキビはすでに主食ではなくなっていた。敦煌の寺院において多くの場合、アワやキビは酒の醸造や他の物品との交換のために使われ、脱穀して食用にすることはあまりなかったようである。時にはアワやキビを挽いて粉にし、「糕糜《こうび》」と呼ばれるような蒸し菓子なども作られることもあった。

2. 肉・乳製品

「食肉飲酪《しょくにくいんらく》」は遊牧民の伝統的飲食文化である。肉や乳製品は、当時の敦煌の人びとにも身近な食品として、食卓を彩る献立のひとつとなっていた。それは、敦煌の周辺には牧畜に適した土地があり、牧畜業が敦煌経済を支える生業であったことと関係している。家畜は生産や交通の手段として利用されるだけでなく、さらに手工芸の材料や肉・乳製品などの食料の供給源にもなっていた。文献からは、敦煌では牧畜が非常に重視されていたことが読み取れる。毎年羊の群れを新しい放牧地に移す時や馬やラクダが沢地に入る時には、神を祭る儀式が行われていた。帰義軍《きぎぐん》のトップも時々牧場の視察に訪れている。寺院では毎年年末に羊の数をかぞえて帳簿につけている。寺院の牧子《ぼくし》(寺院に雇われる僧奴の一種)からは定期的に乳製品が納められていた。祈祷や祝賀、歓迎などの重要な儀式において肉や乳製品が不可欠なものであった。

敦煌およびその周辺地域には、良質の放牧地が広がり、畜産業は敦煌経済の重要な部分を構成していた。その様子は文字資料だけでなく壁画の中にも反映されている。耕作風景や、行商人、騎兵などの図案が多く見られるほか、屠畜や乳製品を加工する様子を描くものもあり、いずれも敦煌における肉・乳製品の飲食習慣を如実に示すものである。

肉・乳製品は敦煌の人びとの生活の中で重要な役割を果たしており、伝統的な食習慣の一部となっていた。

敦煌ではかなり早い時期から肉・乳製品が食されていた。敦煌は国際的な都市であり、流動人口が多くを占めていたが、その大部分が肉・乳製品中心の食習慣を持つ遊牧民族であった。文献に記録の残る民族の多くが牧畜業に従事していた。敦煌の住民には、農業を生業とする農民のほか、牧畜業にたずさわる牧畜民や商売をする商人がおり、このような多様性が飲食習慣にも影響を与えていたことは間違いない。

蔵経洞に残された文献には限りがあり、敦煌の飲食文化の全体像を知るのに十分であるとは言い難いが、それでもなお食肉飲酪に関する多くの情報を得ることができる。

飼育された牛や羊は敦煌の食用肉の主な供給源となっていた。S.4373には「羊一頭を使って食事の支度をする」、P.4635「年代不明某寺造瓦（甕）得物暦」には「三年目、東河《とうが》の鄧軍使は甕を作りムギ二石八斗（一石＝一〇斗、当時の一石は約一九キログラム）、アワ二石を得る。史、康の七頭の羊とアワ一石を交換した。四年目、東河の鄧軍使は穀物の代わりに約半頭分の牛肉を報酬として得た」ことが記録に残されている。また、P.3272「丙寅年（九六六）牧羊人兀寧《ごつねい》状並判憑《はんぴょう》」には祭祀に用いられた羊に関して次のような記録がある。「今月一日、年祭のために白い羊羯《ようけつ》（去勢した羊）一頭を用意し、節料（節日の祝賀行事に伴い、定量に上乗せして支給される食糧）として白い羊羯一頭を用意し、定興郎君《ていこうろうくん》の舞の報酬として白い羊羯一頭を用意する」

「今月一六日李氏の邸宅の柱を立てるにあたり白い羊羯一頭を用意する」。さらにS.3728「乙卯年（九五五）二、三月押衙《おうが》知柴場司安佑成状並判憑」にも祭儀の際に肉を茹でたとの記録があり、いけにえとして羊が用いられていたことを表している。

［図1］莫高窟第二四九窟　狩猟図

食肉は牧畜だけでなく、狩猟によって獲得されるものも少なくなかった。狩猟は敦煌の貴族の娯楽であっただけでなく、同時に食肉を手に入れるための手段でもあった。資料によれば、敦煌には帰義軍専属の猟師がおり、決まった時期に「網鷹《もうよう》」と呼ばれる網状の道具を使った方法で鷹を捕獲していた。鷹を捕獲するに先立って神を祭る儀式も執り行われていた。捕獲後は、「把鷹人《はようにん》」と呼ばれる専門の鷹使いあるいは管理人によって飼い馴らされ、訓練される。壁画にもしばしば狩猟の様子が描かれ、多くは鷹に加えて犬も併用されている。猟師がねらう獲物はモウコガゼルなどで、帰義軍の衙内に納められた。正史にも帰義軍から献上された品物の目録が収録されており、その中には野生の馬の皮などが見えるが、これらは狩猟によって獲られたものに違いない。婚礼に用いられた物品目録（P.3284）にも「野味（野生の味覚）」の語が見える。壁画に描かれた狩猟風景は、敦煌での実際の狩猟生活を正確に反映するものにちがいない。

［図2］莫高窟第六一窟　狩猟図

図1は莫高窟第二四九窟に見られる狩猟図である。

図2は莫高窟第六一窟に見られる狩猟図である。三人の人物が鷹と犬を連れ、槍と弓を手に狩りを行っている。鷹

［図3］嘉峪関魏晋墓磚画　狩猟図

［図4］莫高窟第二九〇窟　送殯図に見える鶏

を放ち馬を走らせながらウサギを追い、モウコガゼルを射止める様子が描かれる。早く魏晋期には河西地域で伝統的狩猟が行われていた。嘉峪関《かよくかん》魏晋墓磚画《せんが》にも狩猟風景がしばしば見える［↓図3］。獲物はウサギ、モウコガゼル、アルガリなどである。

唐五代期の敦煌でもまだこのような伝統が守られていた。

敦煌において食肉や乳製品は主に牛や羊から得られていた。帰義軍衙内の籍帳に基づけば羊肉が最も多く、次いで牛肉、その他に馬肉やラクダ肉が少し食べられていたようである。豚肉や鶏肉については記載がないが、敦煌で豚や鶏が飼育されていなかったということを意味するわけではない。蔵経洞から出土した社会経済文書の多くが寺院や帰義軍の官署のものであるためであり、民間で飼育される家畜及び家禽の状況についてすべてを反映してはいないからである。文献中にみられる人名には、「猪（豚）」や「鶏」といった文字が多く用いられており、敦煌でも豚や鶏が非常に身近な存在であったと考えられる。また、壁画中には狩猟図ではイノシシを追う様子が描かれており、葬儀の図には死者を送るために鶏を用いる場面が見える［↓図4］。例えば、莫高窟第二九〇窟の北周時代の仏伝故事絵画中に見える会葬場面では鶏が供えられている。当時の敦煌にはこのような習慣が実際に存在していたに違いない。

さて、敦煌ではどのように肉を調理していたのであろうか。文献中ではほとんど触れられておらず、S.3738に残される、焚き木を使って「熟肉《じゆくにく》（ハムやソーセージのような加工肉）」を作っていた、との記述が唯

[図5] 莫高窟第二九六窟　主室天井南斜面　屠畜図

一の例である。ただ多くの場合は水で煮炊きする方法が用いられていたと推測され、肉を茹でる様子は壁画にも現れる。莫高窟第二九六窟主室南側には屠畜図が描かれる[↓図5]。一頭の牛を屠殺し、皮を剥ぎ、その皮の上に牛の頭が置かれている。横には大きな鍋が見え、肉を茹でる準備が整えられている。またこのほかの壁画からも肉の調理法として、水で煮炊きするのが一般的であったことは明らかである。煮る以外には、焼くなどの調理法も用いられていたが、これについては改めて別の章で詳しく述べることとする。

敦煌では肉食文化が広く受け入れられていた。そのため、食肉を売る市場、屠畜を請け負う業者や肉舗も早くから存在し、食肉業は敦煌の重要な産業のひとつとなっていた。牛肉、馬肉、羊肉の売買について文献資料に記録が残るだけでなく、壁画では肉を扱う店舗の繁盛する様子を描くことにより殺生を戒める仏教の思想が宣揚されている。例えば、莫高窟第八五窟天井東側や第六一窟南壁の肉舗図などからは肉舗がどのように営まれていたのかを見て取ることができる。肉舗の前には肉切台がふたつ置かれ、店舗の内部にはすでに処理が済み、切り分けられた肉が壁に掛けられている。また、買い物客の姿も見える[↓図101・図102・図103　二一七〜二一八頁参照]。

各種食用の乳製品について書かれた文書も残されている。P.2567v・S.4470iv・S.3353・S.6829v・S.800v・S.6233・S.6064・S.1366などの写本には「酥《そ》」と呼ばれるバターの一種についての記録が見える。寺院では牧人から一定の期間ごとに決まった数量の乳製品が納められていた。P.2049vaには、後唐同光《どうこう》二年(九二四)に浄土寺《じょうどじ》から牧場に向けて数回、乳製品を受け取るために人が派遣されたことが記されている。それらの乳製品は、「官窟」の修復が完了したことを

［図6］莫高窟第一四六窟東壁　搾乳図

［図7］莫高窟第九窟　搾乳図

祝う行事や、僧官（寺院の管理経営を担う僧侶）の葬儀といった特別な場面で利用されている。

またP.2049vbには、後唐長《ちょう》興《こう》元年（九三〇）浄土寺から二度にわたってアワの粉が支出され、牧羊人に「乳餅」がふるまわれたとある。敦煌には乳製品を扱う商人も存在した。寺院は、必要に応じてアワやムギと交換に酥を手に入れ、餢飳《ほうとう／ふと》（日本の「餢飳」とは異なり、小麦粉で作った扁平な餅で、中に餡を入れて揚げたもの。日本でいうところの「饆饠《ひちら》」に当たる。詳しくは後述する）や乳餅といった食品を作っていた。乳製品を加えねば作ることができないこれらの食品は高級品であった。当時、動物の乳はそのまま飲用に供されるほかは、ほとんどが酥に加工されていた。酥は戒律で肉食が禁じられている僧侶らにとって最高のごちそうであった。

酥はまた寺院の収入源ともなっていた。ほぼ毎年破暦（支出に関する帳簿）に列挙されている。出土文書によれば、浄土寺や乾元寺《けんげんじ》などでは毎年酥を手に入れていた。乾元寺では酉年に五斗もの酥を入手している（S.4191vb）。酥はまた、信者からの布施としても受け入れられていた。吐蕃《とばん》期には上層の僧侶の間では広く食用に用いられ、P.3730ではある僧侶の遺産としてもあげられている。壁画には乳搾りや酥作りの様子が描かれる。

図6は莫高窟第一四六窟東壁に見える搾乳図である。一人の女性が乳搾りを行っており、傍らには母牛の乳房を探す仔牛の姿が見える。

図7は莫高窟第九窟維摩詰経変《ゆいまきつきょうへん》の一場面に見える搾乳図である。一人の女性が牛の傍らに立ち、別の女性がしゃがんで乳搾りをしている。

図8は莫高窟第三二一窟に見える初唐期の乳製品の加工図である。二人の女性が、くびが細く胴体が膨らんだ形状の甕のような容器を利用して乳を攪拌《かくはん》している。

図9は莫高窟第二三窟に描かれる酥を作る様子である。乳を濾《こ》す二人の人物の傍らで、もう一人、別の人物が乳を攪拌して水と油を分離させる作業（のちに「打酥油（酥油を打つ）」と形容される）を行う姿が描かれている。横には完成した酥も見える。

乳製品は敦煌の飲食文化の中で重要な位置を占め、人びとは好んで肉や乳製品を食していた。これは当地の産業・経済構造と関係していただけでなく、周辺遊牧民族の影響も少なくなかった。特に半世紀を超える吐蕃の統治は、敦煌の食習慣に決して見逃すことのできない大きな影響を与えたのである。

[図8] 莫高窟第三二一窟　乳製品を加工する様子

[図9] 莫高窟第二三窟　酥の製造過程

文献資料中にはこのほか魚などの肉を食べていたことが記される。帰義軍のトップが祭祀を行う際の供物として「乾魚、鹿肉」が用いられている。敦煌にはまた「魚沢」という地名があり、蔵経洞から出土した「駆儺《くだ》詞（追儺《ついな》の詞）」にも「食加魚味（食事に魚の味を加える）」とうたわれる。時には魚が敦煌の食卓にのぼることもあったにちがいない。

3. 蔬菜類

九世紀、旧暦のある月の一〇日、敦煌のある寺院に「番教授」が招待された。教授とは、吐蕃統治期においてその地域の最高僧官をいうのであり、また「導師」とも呼ばれ、現在でいうところの教授とは異なる。「番教授」はおそらく吐蕃本土から敦煌にやってきた僧侶で、当地の寺院に招かれたものと考えられる。接待に用いられる料理も普段と異なり、寺院からは一斗五升の米と半升の江豆が持ち出されている。ここでいう「米」とは当時の敦煌では生産量が少なかったうるち米で、江豆とは「豇豆《こうとう》（ササゲ）」のことであると考えられる。現代人にとっては非常に簡素な食事に思えるが、当時の敦煌の寺院でごはんと蔬菜《そさい》（野菜）のおかずがそろった食事はごちそうであったにちがいない。なお、これは知られる限りで、蔬菜を調理したことを記す唯一の文書資料である。とはいえ、敦煌では肉や乳製品が中心の食生活で蔬菜がほとんど食べられていなかったということではない。敦煌ではササゲのほか、ネギ、ニンニク、ニラ、レタス、カブ、ダイコン、ウリ、ナズナなど十数種の蔬菜が栽培されていたことが他の資料から知られている。これらの蔬菜名はいずれも寺院関係文書に見えるもので、僧侶がヒョウタンの棚を組み立てたこと、ネギの実がなったこと、ネギの苗を植えたこと、ネギを収穫したこと、ニラの種まきをしたことなどが記録されている。僧侶らが集まって食事するときに配給される食物にはダイコン、レタスなどが含まれている。資料には、ネギを専門に扱う「葱戸《そうこ》」が存在し、帰義軍の衙内での必要に応じてネギが出荷され、酒が対価として支払われていたことが記されている。壁画にもカボチャを植える様子が描かれ、楡林窟《ゆりんくつ》第三窟には大きなお盆に盛られたカボチャの図が見える（楡林窟第三窟踏みうす図）［↓図13　三七頁参照］。

敦煌で農園経営が発達していたことを示す資料も残されている。多くの寺院では自営の菜園や果樹園を所有し、「園子《えんし》」と呼ばれる管理者がその経営を請け負っていた。塀を築く、ネギの苗を植える、ネギを収穫する、ニラの種をまくといった多くの労働力が必要となるとき、寺院では農作業のために僧侶を動員し、彼らに食べ物を支出していた。

敦煌文献中に『俗務《ぞくむ》要名林《ようめいりん》』と呼ばれる文書が知られている。これは識字教科書の一種であり、そこには蔬菜や調味料の名称も収録されている。カラシナ、ヒハツ、ショウガ、フユアオイ、ダイコン、メボウキ、ホソバヤマジソ、ミョウガ、ウマゴヤシ、チシャ、竹、ヒユ、ナス、ニンニク、ニラ、ネギ、ヒヨウタン、ヘンルーダ、藿《かく》(マメ類の葉)、アカザといった食物が列挙される。このうち、竹やショウガなどは敦煌では採れなかったが、このうち何種類かは敦煌でも栽培生産が行われており、作付品種の全体数は中原地域と大差なかったものと考えられる。

蔬菜に対する需要は、当地での農業経営を促進した。敦煌には菜園、果樹園が非常に多く存在しただけでなく、蔬菜を売買する市場も形成され、繁栄した。

S.4703は丁亥年(九八七)六月七日の蔬菜購入者名リストであるが、大変興味深い内容が記されており、すでに専門家により研究が行われている。この文献は寺院あるいは役所の農地の作付面積当りの蔬菜の出荷量を示すもののようである。一部欠損しているが、現存部分だけでも五一人の購入者の名前が見え、それぞれ一歩から三歩の土地(六〇センチメートルから二メートル四方の土地)から採れた蔬菜を購入している。これだけ多くの人間が菜園まで出向き、相当量の蔬菜を購入していることから判断して、蔬菜は敦煌の食卓に欠かすことのできないものであったにちがいない。

蔬菜の調理方法について敦煌史料中に記されていないのは、敦煌で蔬菜がほとんど食べられていなかったからではない。国際的な都市であった敦煌では、多くの飲食店が立ち並び、互いに競い合うことでその調理技術に磨きをかけていたに違いない。

4. 調味料

調味料は、その調理方法と深くかかわる。料理の味を追求する中で、調味料へのこだわりが生まれるのは当然である。料理の極みをその味に求めるならば、調味料というのはその中で大変重要な役割を果たすものである。

敦煌でも、酢、醤油、ショウガ、サンショウ、豆豉《とうし》、砂糖、塩といった調味料が用いられていた。中国で酢や醤油が使われ始めた時期は非常に早く、酢は「酢」あるいは「醋」と記されていた。文献を見る限り、敦煌の人びとは酸っぱい味付けを好んでいたようである。寺院では毎年六月に一回、あるいは春と秋の二回に分けて酢の醸造を行い、集まってみなで食事をする場合には必ず酢を使っていた。僧が亡くなった時にはその葬儀の際に大量の酢を用いて粥が作られている。酢の原料には主に麦麹が用いられ、酢の醸造は「臥《が》醋《さく》（酢をねかせる）」と呼ばれ、この表現は今日の河西回廊一帯でもまだ使われている。浄土寺の例では、毎年五石から六石ほどの麹が酢の醸造のために支出されている。自家製の酢を作らない寺院では、アワなどの穀物と交換に市場で酢を買い求めている。文献中では、酢は粥を煮るときに加える以外に用途は見えない（敦煌で当時食べられていた粥の多くは、穀物粉を使ったのり状の、今日の河西回廊で「酸拌湯《スワンバンタン》（酸っぱく攪拌させたスープ)」と呼ばれる粥であり、アワやコメを用いたものではない)。文献には見えないが敦煌の人びとが好んで食していた汁麵にも酢は欠かせない調味料であったものと推測される。

もうひとつ、重要な調味料は醤油である。文献中には酒造りに失敗して醤油を作ることにしたという記述が一例あるのみであるが、敦煌の食器には「醤塁子《るいし》(醤油用の杓子)」「醤台子(醤油を置く台)」「醤醋勺子《しゃくし》(醤油・酢用の匙)」といった醤油と関係のある器具の名称が見え、ここからも醤油が欠かせない調味料であったことがうかがえる。ここで注目したいのは、酢や醤油は常に食卓に並べられており、各自好みに合わせて好きな時に好きなだけ加えることができたらしいという点である。現在でも、中国西部に旅行すると、豪華な高級レストランから街中の大衆食堂まで、どこでも食卓には必ず醤油差しや酢の卓上瓶が備えられている。だが南方の食卓ではほとんど見かけることはない。この光景は一〇〇〇年もの昔から変わることなく続いてきたものなのである。

塩もまた重要な調味料であった。敦煌では塩の生産が行われ、寺院の中には塩業を営むものさえあった。P.2049va文書には、塩団(塩に関わる仕事をしている集団)の壁が倒れた時、すぐ近くの寺院から僧侶らが修理に駆け付けたことが記されている。

敦煌には、これ以外にもショウガ、サンショウ、砂糖、ヒハツなどさまざまの調味料が交易活動によりもたらされていた。敦煌のショウガ(おそらくは乾燥させたもの)が一両(一両=約三〇グラム)当り五〇〜六〇文の高値で取引されていたことを記す文献が残されている。ショウガやサンショウはすべて中国内地から運ばれていた。砂糖についても敦煌の外から運びこまれていたものであろう。ある施入疏《せにゅうそ》(寺院に布施された物品のリスト)には、張什二《ちょうじゅうじ》という敬虔な信者が寺院に髪の毛一両と砂糖五両を布施したことが記されている(P.2583)。布施された砂糖の量がこれほど少ないというのは、当時砂糖が非常に貴重で高価なものであったことによるのであろう。

敦煌の甘味料は、外部からの供給に依存する砂糖のほか、麦芽糖が用いられていた。帰義軍の衙内では薪や藁で餳《とう》を煮ていたことが知られている。餳というのは麦芽糖のことである。

サンショウは、肉の調理だけでなく、餅《へい》を作る際にも用いられていた。敦煌では焼餅《しょうへい》にサンショウが加えられることがよくあった。これは、現在甘粛《かんしゅく》省等では鍋盔《グオクイ》などのやや厚めの大餅《ダービン》を作る時と同じ製法である。S.1733からは、盂蘭盆会《うらぼんえ》の前夜、寺院では麺粉、サンショウ、酥、草豉《そうし》(草豉について詳しくは後述する)などが支出されていたことがわかる。これらの原料から作られたのはある種の餅であったに違いない。麺粉を原料として作られる餅類には、さらに口当たりよく、おいしく、見栄えよくするためにさまざまな材料が加えられた(例えば、酥を入れればしっとりと、なめらかな口触りが得られ、見た目も美しく仕上がる)。試行錯誤が繰り返され、餅を作る技術は向上していった。前述のS.1733に見えるサンショウ、酥、草豉といった調味料の添加は、当時の敦煌の加工技術が非常に高い水準に達していたことを示している。このような伝統的技術は中国西部にずっと伝えられてきた。今日でも甘粛省の多くの地域には油やタマゴ、ゴマ、サンショウ、塩、バラの花などを加えた餅類が見られ、ときには加えられた材料がメインの具材としてとらえられていることさえある。例えば、静寧《せいねい》特産の鍋盔や甘粛省中西部で広く食べられている焪鍋饃《チオングオモー》がそうである。

ここでもう少し説明が必要なのは「草豉」であろう。文献中では「草豉」、或いは「草蒔《そうじ》」と書かれることもある。これは西域に自生するニゲラ(クロタネソウ)の種子のことをいい、そのかたちはゴマに似ている。あぶって食べるタイプの餅を作る際に加えられるものであり、トルファン出土文書中にも記録が残る。この草豉は今日でも新疆の少数民族がナンを焼くときに加える野草であり、現地で「斯亜旦《スーヤーダン》」と呼ばれているものと同じである。ただ、その見た目から内地の人にはゴマと誤解されることがよくあった。敦煌ではかなり早い時期からこのような野草が餅の製造に使われていたが、敦煌で草豉は採れない。そのため、僧侶に依頼して草豉を持ってきてもらった（**S.4667・S.4677**）、あるいは寺院でも市場で買い求めていたという記録が残されている。餅に草豉を入れるという製法や習慣も西域から敦煌に伝えられたものと考えられる。

S.5927va は寺院関係文書である。そこにはキノコ類や草豉が購入されたという記述のほか、斎戒が解かれたあとに二升半の「馬芹子《ばきんし》」が食されたことが記されている。馬芹子とは野生のクミンのことで、河西地方の大半の地域に自生している。この地域の人びとは今でもこのクミンの種や葉を採集して日干しにし、烤餅《カオビン》（火であぶって作られる餅）や花巻《ホワジユエン》（小麦粉をこね、くるくると巻いて蒸した食品）のほか、炒麺《チヤオミエン》（ムギコガシ）の中にも加えて食している。どうやら、このような食べ方は非常に長い歴史を持つ、伝統的な方法のようである。

上で紹介したような調味料の登場により、食べ物は更に美味しく、栄養的で、見栄えのよいものへと変化した。中国人が常に食べ物に対して求めている色、香、味の三要素がここに揃ったのである。

5. 果物類

九世紀の某月某日、敦煌の寺院に属する智弁《ちべん》という一人の僧侶が、某参君郎君に一通の手紙を書いている。その手紙の大まかな内容は以下の通りである。「わたくし智弁が楼上で読経しておりましたとき、突然あなたさまが果樹園へ柰子《だいし》(りんごの一種)を収穫に参られると耳にしました。食いしん坊のわたしは柰子の甘酸っぱい味を思い出し、読経に専念できなくなってしまいました。ゆえにあなたさまにお手紙をしたため、わたくしめに柰子をひとつ分けてくださることをお願いする次第でございます。もしご快諾くださいますならば、この栄誉は生涯忘れません」。柰子ひとつを得るために、清貧に修行に勤しむべきこの僧侶は、おべっかを使って機嫌を取ろうと必死になっている。そして次のように続ける。「参君郎君は、代々読書人の家柄にお生まれになり、百家の学問に精通しておられます。また当地の名門豪族であらせられ、高貴なこと天下の諸侯よりも勝っておられます。わたくし智弁はただの凡人でありますのに、あなたさまにお認めいただき、お勤めさせていただいております。しかしながら、わたくしめはまだ取るに足りないことしかできず、まだ(そのご恩に)報いることができません。どうか柰子をひとつお恵みくださいますように。智弁はあなたさまのことを思って、感謝の気持ちをこめて念仏読経いたしております。このご恩は一生忘れません」。

この手紙はもしかしたら旧知の二人のあいだでたわむれに書かれたものかもしれない。ユーモアたっぷりに書かれたこの手紙には、敦煌でよく採れたと思われる果物が出てきている。果物もまた食卓を彩る大切な食材であった。ひとりの僧侶が柰子のために落ち着いて読経できなくなるというのは少々おおげさな気もするが、敦煌で採れる果物は有名で、古く漢代から史書にも記されるところである。

敦煌のウリは漢のころから広く名を馳せ、ヒトの頭ほどの大きさで質の良いものが朝廷に献上されていた。『漢書《かんじょ》』「地理志《ちりし》」には、敦煌は「生美瓜(美味しいウリを産出する)」と記載されており、それにちなんでのちに瓜州《かしゅう》と称されることとなる。顔師古《がんしこ》の注には「その地（＝敦煌）では今なお大きなウリが採れ、大きいものはきつねが中に入ってかぶりついていたとしても、頭もしっぽも外から見えないほどである」という。敦煌のウリについては、伝奇的な物語も史料に残されている。その物語というのは、中国で有名な西域の神仙の始祖である東王公《とうおうこう》と西王母《せいおうぼ》と結びつけ、この種のウリが西から伝えられたことを証明しようとするものである。「漢明帝《めいてい》の時代、陰貴人《いんきじん》が夢の中でウリを食べたが、その味が非常に美味であった。帝は諸国に使者を送り、そのウリを探し求めた。ちょうどその頃、敦煌からウリの一種が献上された……「穹隆《きゅうりゅう》」とよばれ、長さは三尺（約七〇センチメートル）、楕円形、味はネバネバとして臭かった（一説に飴のように甘かった）。老人らが言うには『むかし、道士が蓬莱山《ほうらいさん》でこのウリを手に入れたとき、空洞（「崆《こう》峒《どう》」とする資料もある）の霊瓜であると言った。四劫《しごう》（非常に長い時間）に一度しか実をつけず、東王公と西王母がこの地に植えたものである。長い間途絶えていたものの、その実はたくさん残っていたらしい』」（『太《たい》平広記《へいこうき》』巻四一一「王子年拾遺記《おうしねんしゅういき》」）。

「甜瓜《てんか》（マクワウリ）」は古ウイグル語や突厥《とっけつ》語では〝kagun〟、現代ウイグル語でもまた〝kogun〟と呼ばれている。一説には、古ウイグル語や突厥語の〝kagun〟は「穹隆」という漢字の読みに由来すると言われている。ここからは敦煌がウリ科の果物の産地として、他の地域に与えた影響を読み取ることが可能である。

唐・五代期に敦煌一帯で収穫されていた果物の種類は非常に多く、気候条件が許す限りの果物が全て栽培されていたと言っても過言ではない。ウリ、ブドウ、アンズ、柰子、モモ、ナツメ、胡棗《こそう》、ナシなど種類が豊富で、作付け量も多かった。当時の敦煌の果樹園は寺院のほか、大地主によって経営されることもあった。一般家庭でも大小差はあるものの、それぞれに果樹園を持っていた。専門家の研究によれば、帰義軍時代、沙州《さしゅう》周辺には城南園、城東園といった果樹園があったことが知られ、南沙園のブドウはとりわけ有名であった。中には複数の果樹園を持つものさえおり、S.2174に見える董家盈《とうかえい》という人物は、三ヶ所に農場を構えていた。これらの土地には、果樹だけでなく、樹木や野菜が植えられることもあった。

栽培経験を重ね、品種改良も進められた結果、内外に名を知られる優良品種も現れることとなる。P.2005『沙州都督府図経《さしゅうととくふずきょう》』に記載されるところによれば、後涼のころ、敦煌の「同心梨」という品種のナシが有名で、皇室への献上品としても用いられることがあったらしい。P.3396vは沙州の渠《きょ》（水路）とウリ畑のリストで、五十数枚のウリ畑が記されている。何万人もの人口をかかえ、非常に狭く限られた土地しか持たない敦煌で、ウリ畑の占める割合が少し多すぎるようにも感じられる。しかし、ウリは商業都市・敦煌を支える産物であり、それゆえにこれほどの量が栽培されていたのである。このほか、ウリは盂蘭盆の供え物としても利用されていた。

ブドウの栽培が開始された時期は、中原地域よりかなり早く、ブドウの神を祭る習慣まで存在した。ブドウは、干しブドウに加工されるだけでなく、酒の原料としても利用された。有名な『下女夫詞《かじょふし》』の一節に「酒はブドウ酒、千金で一斗買う」と、ブドウ酒がいかに貴重であったかがうたわれている。

ここまで述べてきた通り、敦煌はその名に恥じない果実の街であったのである。

6. 油脂類

敦煌では、動物性油脂も用いられていたが、植物油を獲《と》るための原料として様々な植物が栽培されていた。その中で特に多かったのは「黄麻」とも呼ばれるゴマで、その次は大麻（アサ）であった。当時すでに菜《な》種《たね》の栽培も開始されていたものの量は少なく、綿や紅藍（ベニバナ）の種子からも油が採取されていた。敦煌の人は揚げものを好んで食したため、搾油の原材料となる植物がたくさん植えられていた。寺院の破暦には、食用油の原料に関する記載が少なくない。搾油事業は寺院の経営における重要項目の一つであった。

7. 野生の動植物

以上、農産・畜産により手に入れられていた食物について述べてきたが、実際には狩猟や採集に依存する部分もあった。敦煌の人は狩りに出ることを好み、多くの場合、野生のウサギや馬、ラクダ、盤《ばん》羊《よう》（アルガリヒツジ）、黄羊（モウコガゼル）を獲物としていた。文献中には「猟戸（猟師）」「黄羊児（モウコガゼルの仔）」「野味」などの語が現れ、「網鷹（網状の道具を使って鷹を捕獲すること）」「捉鷹（鷹の捕獲）」といった活動が見える。狩りというのは敦煌の貴族の余暇ではなく、動物性タンパク質を獲るという実質的な意味も大きかったのである。

次にどのような植物が採集されていたのか見てみよう。草の種子、草豉、ナズナ、キノコ、クミンといった栽培用植物とは違った味わい、栄養を有するものが好まれていたようである。

これらの天然由来の食物のうち、我々に比較的馴染みのある野生の植物を例に挙げよう。吐蕃統治期の沙州のある倉庫を管理する役所の会計帳簿には「草子」に関する記載が非常に多い。「草子」とは、野生植物の種子のことで、この語は現在でも河西地方の農民のあいだで使われている。これほど頻繁に食されたのはどんな植物の種子であったのだろうか？　P.2005『沙州都督府図経』中の「瑞葛《ずいかつ》」の項目には次のような逸話が見える。「野穀：右、唐聖神皇帝の垂拱《すいきょう》四年（六八八）、野穀が武興川《ぶこうせん》に群生していた。高さが二尺以上あり、ヨモギのように四方に根を伸ばし広がって茂っている。その種子はアオイに似て、色は赤黄色をしており、油分を多く含むため、炒めるとムギこがしのように仕上がる。甘いが熱性の食べ物（東洋医学でからだを温める性質をもつとされる食べ物）ではない。数百石を収穫し、軍の食糧とした」。数量と用途から判断して、「草子」とはこの P.2005 文書に見える「野穀」のことであり、この「野穀」と呼ばれる「草子」は、現在「沙米《シャーミー》（沙蓬《すなよもぎ》／砂米《さまい》）」と呼ばれるものに相当すると考えられる。

敦煌周辺ないし河西回廊でよく食される野生植物の種子には、サマイ、三角子（ヨモギ属に属する一種の植物の種子。そのかたちが三角形であることから、現地でこのように呼ばれている）、水蓬籽《すいほうし》（アカザ科に属する一種の野生植物の種子）や灰条籽《かいじょうし》（コアカザの種子）、鹼柴《けんさい》（アカザ科の小灌木で塩性の土壌、アルカリ土の砂質に生育する）がある。このうち P.2005 に記される色や形状など特徴が一致するのはサマイのみである。

現在でも、甘粛省蘭州《らんしゅう》市や河西回廊一帯の有名なレストランで人気の前菜のひとつに「沙米粉《シャーミーフエン》」と呼ばれるものがある。健康志向が強まり自然食品が求められていることに加え、ぬるっとした舌触りのよさ、栄養の豊富さが国内外からの客に受けている。沙米粉の原料はいうまでもなくサマイである。

沙米粉はむかしからあったにも関わらず、宴席に上るようになったのはごく最近のことであり、それは昨今の商業戦略によりもたらされた結果である。

資料から知られる限りでも沙州の役所の倉庫に納められていた「草子」の数量は相当なもので、一〇〇〇石を超えていた。敦煌周辺にはサマイが大量に生育しており、敦煌の人びとはその食用価値を早くから認識し、保存食として備蓄していたらしい。

文献の記載によれば、サマイの主な使いみちは「麨《しょう》」であったようである。麨とははったいこ、ムギこがしのことで、敦煌人に愛されていた食物のひとつである。

以上述べてきた通り、敦煌では農業、畜産業を主としつつ、併せて狩猟採集も行い、必要な原材料を揃えていたのである。

8. 食習慣と栄養

ここまで、農産・畜産・狩猟・採集・交易などの観点から敦煌でどのような食物原材料が獲得されていたかを見てきた。では、一日の食事が何回で、一食当たりどれくらいの量を口にしていたのであろうか。またそれは、栄養バランスの取れたものであったのであろうか。

ご存じの通り、人類が長期にわたり形成してきた食生活というのは、生理的欲求のほか、その生産方式、気候、栄養と深く関わるものである。一旦習慣化してしまうと、それを変えるのは容易ではない。

まず、敦煌の人びとの食習慣から見ていこう。

唐以前の敦煌の状況については資料が残っておらず、今のところ詳しくわかっていない。ただ高昌《こうしょう》国では、唐以前にすでに一日三食の食習慣があったことが文献から確認でき、敦煌でも一日三食になりつつあったものと予想される。敦煌文書を見ると、唐五代から宋にかけて、宗教関係者は一日二食、一般民衆は一日三食の食事が固定化していたらしい。肉体労働者や力仕事を担当する僧侶らは作業に耐えうるだけのカロリーを確保するために三度の食事が許されていた。仏事に関わる僧侶は午の刻（一二時）以降の食事は戒律で禁じられていたが、融通をきかせ要領よく「点心」で空腹をいやしていた。例えば、P.3505「辛亥年四月三日起首修法門寺使白麺暦」には、法門寺の修理に当った職人に「早料（朝の食事）」「午料（昼の食事）」だけでなく「夜料（晩の食事）」が二ヶ月間に渡り配給された記録が残る。P.2049vbには菩薩の頭冠を造るのに要した九日の間、金銀職人と僧侶、傘を縫った尼に毎日三回の食事が提供されている。

僧尼らが一日三回食事をとることは、本来仏教の戒律に反する行為である。ただ、敦煌の仏教教団内では僧尼らが力仕事に従事せねばならない状況も多く、臨機応変に人情味あふれる対応がなされていたと言える。

理にかなった食習慣が形成されると同時に、日常的に食される食べ物の種類も次第に固定化していった。そして、その内容はその地域の飲食の特徴を最もよく反映する。日常的に食される食べ物というのは、大多数の住民が三度の食事で決まって口にするようなものをいう。例えば、朝は饊飯《サンファン》（こねて発酵させた小麦粉を延ばしてひも状にしたものをぐるぐる巻きにして油で揚げた食べ物）、昼は餅《ビン》、蒸饃《ジョンモー》（蒸しパン）、ムギこがしなどの即席食品、夜は麺という食生活は河西回廊の一部の地域で長年変わることのない習慣となっている。農作業が忙しい時期は餅や饅頭《マントウ》といった汁気のない食品を食べ、農閑期には粥など汁物を食す

「農忙喫乾、農閑喫稀」という習慣は、今でも農業地帯でよく見られるものである。こういった風俗習慣は、いずれもその土地の生産方式と密接な関係にある。

こうして見てくると、当時の敦煌の日常的な食事の状況は、今日の河西地方と大きな隔たりはないことに気付く。朝は餺飥《ほうとう》、昼は胡餅（胡人〔異民族〕の製法で作られる餅。第三章九〇頁参照）、そして夜は麺類を食べる。P.1366・S.2474やP.6577vaに見られる帰義軍衙内の麺・油破暦には、職人たちの飲食の状況が記されている。朝は餺飥か汁麺を、昼は胡餅を食べている。これは一種の慣例で、敦煌の大多数の人の日常的な食事を基準にして配給されていたに違いない。夕飯に出てくる「水麺」というのはスープをともなった麺料理であったと考えられる。唐五代から宋にかけての敦煌で最も重要な主食は胡餅であり、毎日三回の食事のうち、昼に一番腹もちのよい胡餅、朝は餺飥か汁麺、夜もまた水麺と呼ばれる汁麺が食べられていた。普段の食事は敦煌の労働作業内容と時間に見合ったものであった。

次に問題となるのは敦煌の人が一日に口にすることのできた食事の量であろう。これについては文献中に多くの記載が見られる。

まず、S.5947「年代不明（一〇世紀）宋家宅南宅官健十寺廝児《しじ》百姓用麺暦」から引用する。「（前欠）……宋家宅の官健（兵卒）二七人は計三日、一人当たり一斗、麺粉二石七斗を得た。南宅の官健は計三日、一人当たり一斗、二四人が二石四斗の麺粉を得た。十寺の廝児（下僕）一六人は、麺粉一石六斗を得た。一人当たり墼《けき》（麺粉を使って食べ物を作る時に一個分ずつちぎり分けた状態もの）四〇ずつであった。宋宅の官健三〇人には五日間で計四石五斗の麺粉を使った。南宅の官健二四人には、計三石六斗の麺粉を使った。浄土寺等十寺の百姓一七人には、五日間で計二碩《せき》（一碩＝一石、約一九キログラム）五斗五升の麺粉を使った……

(後欠)」。計算してみると官健一人あたり三日分として一斗の麺が支給され、宋宅の官健三〇人の場合は、毎日一人当り三升、厮児にも毎日一人当り三升が配給されている。よって宋家の邸宅の修理に当り、毎日三升を標準量として食糧が支出されていたことがわかる。しかし、他の資料では、また状況が異なる。

S.2474では「(前略)……董俄《とうが》都督は麺粉七斗を甘州《かんしゅう》の僧四人に、毎月一人当たり麺粉七斗、油二升を基準として、合計麺粉二石八斗、油八升を支給した。粛州《しゅくしゅう》の僧三人には、一人当たり麺粉七斗、油一升、合計二石一斗、油一石四斗を支給した……(後略)」「太子宅の于闐からの使者一人に、ひと月当り七斗を支給した」。S.1366では、「二二日、胡骨子《ここつし》の息子と妻にひと月分として麺粉一石四斗を支給した」「甘州から来たペルシア人僧侶にひと月麺粉七斗、油一升を支給した。牒蜜《ちょうみつ》骨示にひと月麺粉七斗を支給した」「胡牒蜜骨示にひと月麺粉七斗を支給した」とある。これらの資料中で食料が支給されているのは、みな敦煌以外の土地からやってきた客人であるが、その多くは僧侶である。僧侶の食事は一日二食の戒律があり、一食当り一・二升、毎月七斗ほどの食糧が供給されていることになる。俗人の場合、毎食の平均は〇・八升、一日の総量は三升に及ばない。一食あたりの絶対量は僧侶の方が俗人より二合ほど多い。ただ両者の身分の違いに起因する一日の食事回数の差を考慮せねばならない。また胡骨子の息子と妻は、息子がまだ幼かったために、二人で一四斗だけでも十分足りていたものと思われる。

S.6577va「帰義軍時期宴設司麺破暦状稿」の場合は、麺粉の供給量が各人異なっている。

宴設司へ

今月二日、公主が客人をお迎えになるので蔵の麺粉九斗と繁忙期の麺粉九斗を、李悉《りしつ》には……(欠損）……、張悉不《ちょうしつふ》に麺粉九斗、羅闍梨《らじやり》には麺粉九斗、その妻に麺粉八斗、変諾《へんだく》に麺粉八斗、……に麺粉七斗、その息子に麺粉三斗、埴子《ひよくし》に麺粉五斗、蓮花《れんか》に麺粉七斗、永興《えいこう》に麺粉三斗を準備してくださるようお願いいたします。

ここから、それぞれの身分と年齢に応じて食糧が支給されていたことがわかる。公主などの人物はその特殊な身分ゆえにひと月九斗、つまり一日当たり三升にも達する量が用意されている。その他の人物には八斗、五斗、三斗とそれぞれ量が異なっており、成人男性には毎日三升、その他には年齢に応じた標準量が与えられていた。

寺院が牧子、園子、恩子《おんし》（いずれも僧奴の一種）などに分配した食べ物の量は参考になる。P.2032v では恩子と園子に秋の分としてムギ・アワをそれぞれ二石ずつ分配している。恩子には冬もムギとアワそれぞれ二石が配られている。ひと秋あるいはひと冬三ヶ月分として計算すると、月当りの平均量は一石三斗余りである。彼らの食糧はすべて寺院からの配給に頼っていたのか、別に家庭でも食事をしていたのか、この資料だけでははっきりとしない。また、寺院からは脱穀されていない状態で提供されているはずなので、食べる前にもみ殻とふすまを除かねばならない。牧子らが自分で精白したとして脱穀後実際に食べることができた量を平均的な数値に基づいて計算すると、一ヶ月の量は麺粉とアワそれぞれ九斗余りになり、非常に多い。これは彼らの家族の分まで含まれているのか、彼らの労働に対する報酬がどれ程含まれているのかわからないが、寺院は労役に従事する信徒に対し各人が必要とする食糧のほかに、年頭や祝祭日には「節糧（節日の祝賀行事の準備など、労務をねぎらうために定量に上乗せして支給される特別手当）」と呼ばれる食糧を別に支給していた。これにより普段の食事で足りない分が補われると同時に、寺院の恩恵を具体的に表現する方法としても利用されていた。

S.2575には一人の僧に一日に分配される食物の数量について「餪餅《だんへい》ひとつ、餼餅《きへい》ひとつ、胡餅ひとつ、餑飳《ほっとう》ひとつ、さらに餪餅ひとつ、饊枝《さんし》、蒸餅《じょうへい》、乳飳《にゅうとう》、蔬菜、乳製品を順に分け与える」と記されている。それぞれ一つ当りに必要な麺粉の量はそれぞれ、餪餅約一升、胡餅〇・五升、餑飳二・五合、餼餅三合、饊枝四合である。合わせると二升ほどが支給されていたことになり、職人らに一日に支給されていた食事の二食分の量に相当する。寺院によっては、地位の高い僧侶には規定以上の量が与えられ、「更添（さらに添える）」「随宜進飽（適宜腹が満たされるまで）」必要に応じて供給されており、それぞれの僧が一日に口にできた量はさらに多かったにちがいない。P.3231に見える官営の斎会では、僧一人当り三升の食物が準備されている。

古代の小説や随筆からも、一食当りどれくらい食べられていたかを知ることができる。『水滸伝《すいこでん》』などの古典小説には武松《ぶしょう》、李逵《りき》、魯智深《ろちしん》らがややもすれば、一回の食事で一斗の米と一斗の小麦粉に加え五～七斤もの牛肉を平らげている。昔の人が食べていた量は現在よりも多く、大食漢ばかりであったような印象を受けるが、これについてはもう少し分析を進める必要がある。

唐代の一升は現在の六〇〇ミリリットルに相当し、一升の小麦粉というのは一七〇グラムほどである。一人一日平均三升食べていたとすると、総摂取カロリーは約一八三〇キロカロリーになる。これは国連の定める成人一人当たりが一日に摂取すべき総カロリー量とほぼ同じである。僧の場合は二・四升であるが、これも少なすぎるとはいえず、今も昔も一人が食べる量はそれほど変わらない。先に述べた一斗の米と一斗の小麦粉、五～七斤の牛肉というのは、小説の中だけでの話なのである。

この数字はあくまで主食に関するものである。主食以外にも敦煌の人びとは肉、乳製品、各種蔬菜、調味料、キノコ類、野生の植物を食し、時には果物、草苺なども手に入れて、必要な栄養素を補っていた。敦煌で採れる食物原料だけでも十分に住民や旅人の健康を維持するだけの栄養が確保されていた。

十分な栄養状態を保つことができたのは、敦煌の地理的条件に負うところが大きい。唐五代期の敦煌の人口は二～四万人ほどで、土地の生産力に見合った人数であった。また豊富な地下水により田畑はうるおされ、肥沃な大地の収穫率は比較的高かった。周辺には放牧に適した土地も広がっており、羊、馬、ラクダ、ロバなどが飼育されていた。家畜は労働力や手工業の原料となるだけでなく、食肉や乳製品などのタンパク質の供給源ともなる。さらに狩猟で獲られる動物も少なくなかった。長江下流域と比べれば、敦煌で産出される農作物は決して豊富であるとはいえない。しかし、ウリは品種、生産量ともに多く、昼夜の温度差によって優れた品質のものが採れたため、その名産地として名が知られ、当地の人びとにとってはビタミンや繊維質、糖分の貴重な供給源となっていた。食物油の原料となる植物も栽培されており、需要を十分に満たすだけの量が生産されていた。敦煌の北のゴビ砂漠からさえも草の種子や塩などの食物や調味料を得ることができたのである。

栄養バランスのとれた食糧の安定的な供給は、敦煌で人が定住するための必要条件であった。それだけでなく、シルクロードの交通の要所として発展し帰義軍政権が四方を異民族に囲まれるという悪条件のもとでも独立を保ち得た理由の一つなのである。

二

百種の什《じゅう》器《き》

食品の加工と食器

人類の食事は、次の四段階に分けることができる。①原材料の獲得、選択→②原材料の加工→③調理→④摂取。このうちで食物原料の選択、加工、調理は、他の動物とは異なる人類の特徴で、とりわけサルからヒトへの進化を示す重要な指標である。人類はさらに効率よく栄養を摂取し、口当たりがよく消化吸収に優れた食べ物を獲得するために原料を加工するという技術を身につけ、そのための道具も常に改良を加え、より便利で早く加工できるように工夫した。どのように加工するか、どのように調理するか、どのように食事するかは、飲食文化の根幹をなす部分である。飲食文化の特徴を知るために、まずはどのような道具が使われていたのか順に見ていくこととしよう。

1. 搾油と製粉

一九七〇年代、新疆《しんきょう》ウイグル自治区トルファンに位置するアスターナ古墳群の唐代の墳墓より幾体かの陶俑《とうよう》が出土した。目を見張る美しさで人びとを魅了したそれらの人形は、穀物を食用として加工する様子を表すものであった。特に人力で石のすりうすを動かす様子［↓図10］は、専門家の注目を集めた。

トルファンからほど遠くない敦煌《とんこう》でも、穀物を加工するのに使われた石製のすりうす（サドルカーン）が出土している。人力で動かすもので、古いものほど作りが粗くなる。専門家はすりうすの出現は新石器時代まで遡ることができると考えており、人類とともにその歴史を刻んできたが、のちに回転式のひきうす（ロータリーカーン）が出現したことにより徐々に使われなくなっていく。すりうすの発見により、敦煌で農業が開始された時期はこれまで考えられていたより一〇〇〇年も遡ることが明らかとなった。図

［図10］トルファン出土　うすをひく陶製の人形

［図11］敦煌市博物館所蔵　磨製石器

11は敦煌市博物館に保存されている石うすである。これは人類が穀物を加工するために最初に使い始めた道具の一つで、のちの石うすの原型となったものである。

専門家の研究によれば、すりうすの出現と使用は、農業の開発と発展の状況を知るための指標のひとつとなりうる。玄米をつき精米して食用に加工するというのは、粒食から粉食への過渡期に見られる大きな変化であり、必要不可欠な手段である。よって、うすの出現は人類が文明に向かって歩み始めたことを表しうるのである。

すりうすは台の部分と石の棒（ローラー）に分かれている。台は長方形で真ん中の部分が半月状にへこみ、摩擦面は平らでなめらかになっており、穀物や採集した植物の種子を砕くのに便利なように工夫されている。筆者の知る限り、敦煌出土のものは敦煌市博物館、陽関《ようかん》博物館に計三点保存されているほか、敦煌研究院にも一点所蔵されている。

驚くべきは、このような石製のすりうすは敦煌だけでなく長安《ちょうあん》から新疆までシルクロードに沿って各地に分布しており、河西回廊《かせいかいろう》だけでも武威《ぶい》、酒泉《しゅせん》、安西《あんせい》等の博物館に収蔵され、複数点所蔵しているところも少なくない。新疆各地でもこの種のすりうすが発見されている。

敦煌から磨製《ませい》石器が見つかったというのは、西域や中原とほとんど同じ時期から農業が始められ、非常に長い歴史を持つということを表している。敦煌の人びとは精白の手間を厭わず、穀物の加工に工夫をこらすようになった。

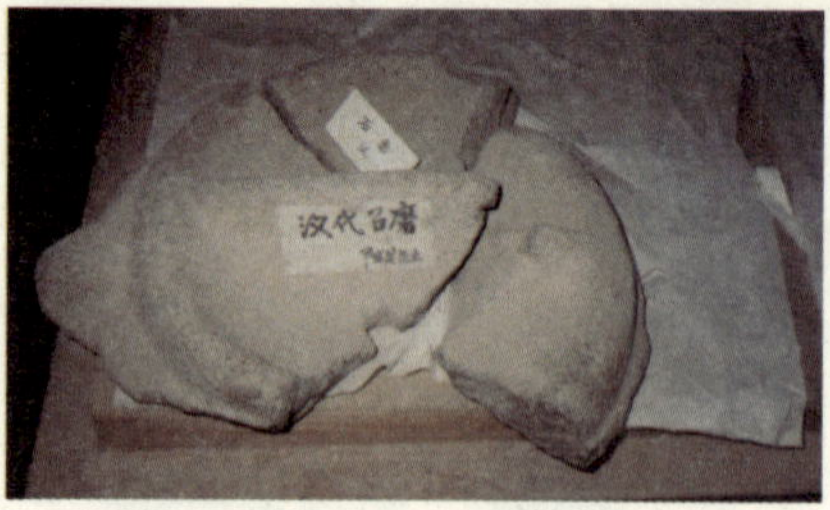

［図12］
敦煌陽関出土
漢代石うす

敦煌陽関から回転式の石うす［→図12］が出土し、漢代には敦煌の穀物加工技術が新たな水準に達していたことを示している。敦煌からはトルファンで出土したようなすりうすを使う陶俑は出土していないが、蔵経洞から出土した文書の中に穀物の加工に関する一次資料が多く残されている。これらの資料は陶俑よりも具体的かつ全面的に穀物加工用の道具の発展状況を反映しており、道具の製作方法、種類、修理や管理といった人びとの生活との関わりが垣間見られる。

この時期、敦煌の主食は、前述のごとく、コムギ、アワ、キビ、マメ類が中心であった。コムギやマメ類はひいて粉にし、アワやキビは脱穀し食されていた。コムギは加工によって価値が上がり、粗末な食事とは認識されなくなった。こういった変化も加工道具の進歩と密接に関係している。

楡林窟《ゆりんくつ》第三窟に描かれる壁画は、ひきうすの出現と脱穀器具やふすまと粉を分離する道具の製作技術の進歩を証明している（また同窟は、世界で最も早い時期の蒸留酒の製造場面が描かれていることで非常に有名である）。「踏碓図《とうついず》（踏みうすの図）」［→図13］には、食糧の加工の過程が反映されている。踏みうすというのは、うるち米やアワ、キビなどの穀物を下石の上に置き、杵《きね》でつくことにより外皮と食用の胚乳を分離させるものである。当地では「舂米《しょうまい》（米をうすでつく）」と呼ばれていたが、実際にはコムギのもみを取り除くためにも用いられていた。

図中の農夫は両手で支え棒を握りながら、左足で杵の柄の端を踏み、てこの原理を利用してついている。うすの横には箕《み》（穀粒ともみがらなどを選別し、取り除く農具）が置かれ、大きなたらいの中には収獲したばかりのカボチャが溢れんばかりに盛られている。

瓜州《かしゅう》県文物管理所には、瓜州県内の玉門関で発見された年代不詳の大きな石うすが一点保管されている［↓図14］。

古代にはうすを用いて穀物をつくというのも、加工方法のひとつであったことがわかる。

このほか、文献中にはうすで穀物をつくことに関する記事が非常に多く残されている。敦煌では米を加工するために、踏みうすのほか碾《てん》というひきうすを用いた方法もあった。ある文書によれば、九七九年帰義軍衙内《がない》の知軍資庫官（職名）であった張富高《ちょうふこう》という人物が、麻二両（一両＝一六分の一斤。二両は約八五グラム）で人を雇い、ひきうすの下石を縄などで縛ることを求めて上表したという。敦煌では大量のアワやキビがひきうすを用いて加工されていたことは疑いない。碾は、輪石を回転させる動力として家畜や水を利用することができ、踏みうすに比べて効率のよい加工器具であった。

［図13］楡林窟第三窟　踏みうす

［図14］玉門関発見　大型石うす

碾については文献中にあまり記載が見られないが、それは当時別の名称で呼ばれていたためであると考えられる。
敦煌文献中には穀物を加工するための「磑《がい》」という器具がよく見られるが、これは古くから存在した名称である。文献からは、敦煌でもトルファン出土の陶俑に見られるのと同じ「歩磑」が使用され、人の力でひかれていたことが確認できる。寺院の僧侶の仕事の中にも「拽磑《えいがい》（うすをひく）」という作業が含まれている。人力で動かす「歩磑」のほか、文献中には家畜を使って牽引する「磑車」という器具も見える。さらに効率が良く、多用されていたのは「水磑」であろう。これはいわゆるみずうすで、河川などの水の流れを利用して歯車を動かし、その力でうすを回転させるものである。文献の記載によれば、敦煌の多くの河川や用水路の取水口にはみずうすが設置されていた。大部分のみずうすは寺院が所有するもので、専門の管理人がいた。

穀物の加工を請け負う専門の業者は「磑戸」、加工に携る人物は「磑頭」、うすの製造修理を行う職人は「磑博士」あるいは「石博士」と呼ばれていた。ここでいう「博士」とは専門技術を持つ職人に対する尊称である。石工が石うすを作ることを「除磑」という。石うすは使い続けると老朽化により上石と下石のかみ合わせが悪くなり、加工する速度が落ち、ひき上がりもよくないため、修理が必要となる。うすを修理することを河西地方では「鍛磨（うすを鍛える）」といい、敦煌では「修歯槽（歯槽（うすを人間のあごに例えている）を修める）」と表現していた。石うすを修理する石工は厚くもてなされ、寺院で石工を呼んでうすの修理を行った際には、酒と羊が供されている。

みずうすがどこで発明されたのかについては明らかではない。史料から確認できるのは南北朝期のものが最も早い例であるが、この頃西域でもすでにみずうすが使われていたと考えられる。みずうすが東西交流を通して伝えられた科学技術である可能性も否めない。

みずうすの登場は中国の穀物加工において画期的な意味を持つ。これにより労働生産効率が大幅に向上し、労働力の縮減につながった。当時の最先端の科学技術であり、電力で動くうすが登場するまで一〇〇〇年もの間、みずうすは穀物加工の伝統的方法として連綿と受け継がれてきたのである。

図15は上海博物館に所蔵される五代期のみずうすの絵（絵師不詳）で、水門の盤車図とも呼ばれている。敦煌のみずうすもこれと同様のものであったはずである。

一九五〇～六〇年代、河西地方の一部の地域では依然としてみずうすが利用されていた。敦煌でみず

［図15］上海博物館蔵　絵師不詳　みずうす（五代）

うすが非常に多く使われていたというのは、当地の人びとが最先端の加工技術に習熟していたということを証明している。

コムギを細かくひいたあとは、何らかの道具を使って、ひきがらを取り除く必要がある。これはコムギを加工する上で重要な工程であり、精白して粒子の細かい小麦粉を作らねば、口当たりの良い食品に仕上げることができない。みずうすは中国で発明されたものなのか、外国から導入された技術なのか、まだはっきりとしていない。しかし中国では絹織物を用いることにより、小麦粉の製造技術を一定のレベルに向上させることに成功した。絹を使えば簡単にひきがらを取り除き、高品質の小麦粉を得ることができるのである。そのため、敦煌文献中には「頭麺」「白麺」「細麺」といった呼び方がしばしば見られ、細かくひいた白い上質の小麦粉があったことが知られる。P.3005ではある寺院で六斗（一斗＝約一・九キログラム）の食糧をもって「羅底絹（絹のふるい）」が購入されている。このほか「羅筋匠（ふるいを作る職人）」「羅底（ふるい面）」「羅輪（ふるい枠）」などの文字が見え、いずれも明らかにふるいの各部位を指し示している。また、P.2613には「粗羅圏」という語が見える。やや粗めにひいた麺粉を加工するための道具であり、必要に応じて様々な種類の小麦粉が作られていたことがわかる。

当時の敦煌の加工技術で、小麦粒から得られる小麦粉の割合は七〇パーセントに達しており、これは非常に高い数字である。

数十年前、筆者の家には石うすがひとつあった。家族が多く、数日に一度はうすひきをする必要があったため、強く印象に残っている。のちに、敦煌文献の中に「手羅（手ふるい）」「下堂（ふくみにふすまを詰める）」「載磑釧《くん》（うすの心棒金具）」「革子（頸環式輓具）」などなじみ深い名称を見つけ、これらが一〇〇〇年以上も前から使われ続けてきたものであることを知った。P.2776には興味深い記載がある。アワをひいたあと、ふすま三斗を「下堂用（下堂に用いる）」とある。もしうすひきの経験がなければこの句の意味を理解できないであろう。上うすと下うすの擦り合わさる面の微妙なすきまを「磨堂（ふくみ）」と呼ぶ。粉をひき終わるたびにこの磨堂をきれいに掃除する必要はないが、ものいれ（供給口ともいう）は必ず塞いでおかねばならない。一度この作業を忘れてしまったがために、ふすまを狙ってうすに侵入したネズミに糞だらけにされてしまい、解体して中を全部きれいに片付けなくてはならなくなってしまったことがある。また、異なる原料をひく際には、前にひいたものの残りかすをまず取り除いておかねばならない。敦煌文献に見える「下堂用」というのは、アワをひいた後、ムギのふすま三斗をふくみに詰め、次にコムギを加工する準備を整えたことをいうのである。

敦煌では食用油の原料となる植物の栽培が盛んに行われていた。油を搾るのには「油梁《ゆりょう》」と呼ばれる木製の道具が用いられ、油を搾ることは「押（軋《あつ》）油」といった。てこの原理を利用して圧搾し、油脂としぼりかすを分離する。こういった油の加工方法は現在でも一部地域に残されている。油を搾るには専門的な技術が必要で、敦煌には搾油専門の業者が存在し、「梁戸」と呼ばれていた。「梁戸」と「磑戸」の性質は同じである。資料によれば、敦煌の油梁は河口あるいは渠《きょ》（水路）の途中に作られることがあり、水力を利用して搾油していたものと考えられる。S.1947vaには「東河水磑一輪、油梁一所（東河にはみずうすが一基、搾油器が一基ある）」と記されている。

2. 鐺鍋鑊鏊——敦煌の炊事用具

炊事用具は調理技術の発展の程度を表すと同時に、飲食文化の特徴をも示している。それぞれの飲食文化ごとに、調理に用いる器具は自ずと異なる。遊牧民族は肉を煮ること、茶を沸かすことを重視するが、一方で農耕民族は米を炊くこと、野菜を調理することが中心となる。敦煌は多種多様な文化が交わり融合する場所であり、その飲食文化は他からの影響を強く受けており、その多元的な特徴は炊事用具にも表れている。

敦煌の炊事用具の名称は細かく分けられ、種々さまざまなものが併用されていた。つまり、古い炊事用具が新しいものにとって変わられる過渡期にあり、飲食文化が形づくられる比較的重要な時期にあったのである。新しい道具が導入されるたびに、調理技術に変革がもたらされた。こういった点において、調理器具の改良や導入は飲食文化の発展の程度を測るめやすとなりうるのである。

炊事用具の名称は、敦煌の寺院の帳簿の中によく見られる。それらは寺院の財産であるが、多くは信者からの布施によるものであり、当時の一般民衆がどのような調理器具を使用し、食品を加工していたのか、その情況を反映するものなのである。ひとつずつ順に見ていくことにしよう。

⊙鐺

鐺《とう》は金属製の平底のナベで、敦煌で日常的に用いられていたものである。文献中には、さまざまな規格の鐺が見える。寺院の什物《じゅうぶつ》交接暦（什物〔日常使用する道具類〕を管理する担当者交替に伴う引継・点検用の帳簿）からは、

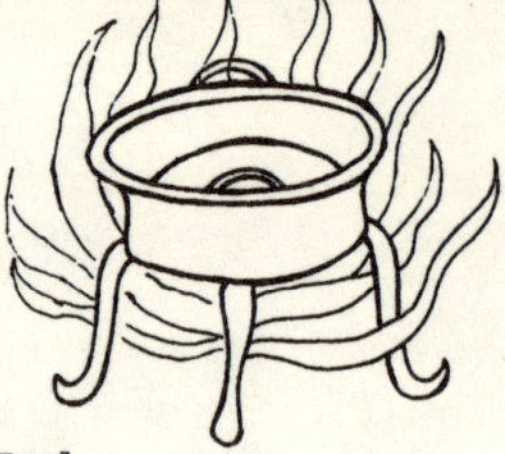

［図16］
莫高窟第四六八窟北壁　鐺の図

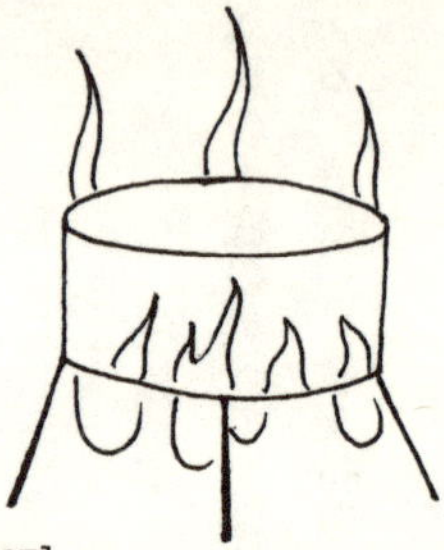

［図17］
莫高窟第二九六窟
主室天井北斜面　鐺の図

半升、五升、七升、一斗八升、二斗、二斗二升、二斗四升、三斗、四斗、六斗、七斗、一石、一石二斗など大小十数種の規格があったことがわかる。これは他の器具と比べてもはるかに多い数である。石、斗、升はいずれも計量の単位（一石＝一〇斗＝一〇〇升）であるが、鐺の容量を示すもので、一度に調理できる麺の量をいうのではない。文献中に見られる鐺はほぼすべて寺院の所有物である。文字資料によれば、鐺には把手のまるいもの、四角いものがあり、ふつうはナベ本体を支えるための脚がつけられ、サイズの大きいものに至っては運搬に便利なように車輪（敦煌では「雇路《ころ》」＝「軲轤《ころ》」（キャスター、脚車をいう方言）と呼ばれる）まで取り付けられていたらしい。寺院でこのように大きな鐺が所有されていたのは、盂蘭盆会《うらぼんえ》などで振る舞われる斎食《さいじき》（仏事のときに出す食事）のためであったと考えられる。図16は、莫高窟《ばっこうくつ》第四六八窟北壁に描かれる鐺の図像である。図17は、莫高窟第二九六窟主室の天井北斜面に見える鐺の図像である。今では鐺はもっぱら煎餅《ジエンビン》を作るための道具となっているが、敦煌ではもう少し広い用途に使われていたようである。敦煌文書中にはしばしば鐺を用いて「煮油」したことが記されている。「煮油」とは、油であげる、焼く、炒めるなどの調理をすることを言う。敦煌で食されていた餅《へい》は、餢飳《ふと／ほうとう》、饊子《さんし》、䭔子《たいし》のように油で揚げて作られるものが多かった。当然、餅を焼くときにも用いられていたに違いない。文献中に規格の異なる多くの鐺が見られるというのは、餅が敦煌の飲食文化でどれほど重要な位置を占めていたかを物語っていよう。

嘉峪関《かよくかん》魏晋墓磚画《せんが》中にも鐺の図像が見られる［→図18］。

図18は、嘉峪関魏晋墓磚画に描かれる麺粉で作られた食品を油で揚げるのに用いられた鐺である。鐺

は炊事用具として長い間使われ続けていたために、多くの人はそれが非常に古い時代から存在したものであるとは認識していない。生活が豊かになり、飲食物に対する需要が多様化したことにより鐺は一度その姿を消したが、近年その便利さが脚光を浴び、現在でも揚げたり焼いたりするのに使われている。

［図18］
嘉峪関魏晋墓磚画
鐺の図像

◉鍋

敦煌の鍋《か》には、銅製と鉄製の二種類があり、またそれぞれに把手の有無により形状の異なるものが存在した。二斗、三斗、五斗、一〇斗等の規格がある。鍋は、ほかの金属製の炊事用具と比較して容量が小さいことから、一般家庭で煮炊きする際に用いられていたと考えられる。庶民にとって各種さまざまな調理器具をそろえることは容易ではなく、また敦煌ではあまり鉄が手に入らなかったため、ひとつの鍋が広い用途に使われていた。

むかし、河西地方では砂質の土を素焼きにして作った鍋を「沙鍋《さか》」と呼んでいた。沙鍋の特徴はその軽さ、熱伝導の緩やかさ、製作の容易さにある。均一に熱を伝えるため食品を美味しく調理することができ、比較的広範な地域で用いられていた。その特徴は、「沙鍋搗蒜《とうさん》——一錘子《すいし》買売（土鍋でニンニクをつぶす——金槌商売。一度きりの商売、最後の手のたとえ）」「沙鍋煮驢球《ろきゅう》——両担（土鍋でオスロバの生殖器を煮る——どちらも手遅れになる。ロバの生殖器を調理するときしばしば土鍋が小さすぎて両端がはみ出してしまうことがある。これを「両担（両方を担ぐ）」と表現したことからいう）」「打破沙鍋紋（問）到底（土鍋を割ると底までひびが入る。とことん問いつめる。〝紋〟（ひび割れ）と同音の〝問〟をかけたシャレ言葉）」のようなことわざや慣用句の中にも反映されている。沙鍋は河西回廊の多くの地域で使われていた。敦煌では陶器を作る技術が比較的発達していたため、農家でも沙鍋を使って調理していた可能性は十分に考えられる。

［図19］
嘉峪関魏晋墓磚画
鑊の図

◉釜

今では釜《ふ》は完全に死語となっているが、唐・宋のころまでは日常生活の中で活用されていた。釜は古代の炊事道具のひとつで、「破《は》釜《ふ》沈《ちん》舟《しゅう》（飯釜を壊し舟を沈める。一か八かでやる）」「釜底抽薪《ふていちゅうしん》（釜の下から薪を抜き取る。根本的に問題を解決する）」といった故事成語として残されている。釜は口が狭く胴がふくらんだかたちをし、把手があり、鬲《れき》と同じように煮炊きに用いられていた。かまどに置いて、上に甑《こしき》をのせ、蒸すことで食べ物に火を通した。敦煌では五斗、六斗、七斗、八斗などの容量の釜が使用されていた。蒸餅《じょうへい》、餤餅《だんへい》、籠餅《ろうへい》、胡食《こしょく》などの蒸し物がよく食べられており、その調理の際には釜の上のせいろで蒸し上げられたものと思われる。

◉鑊

鑊《かく》もまた敦煌でよく用いられた炊事用具のひとつで、胴がふくらみ、口が狭く、平底あるいは丸底で、肉をゆでるのに適している。鑊もまた古い名称で、鼎《かなえ》から変化してできたものである。『淮南子《えなんじ》』「説山《せつざん》訓《くん》」の高誘《こうしゅう》註では「脚のないものを鑊という」とあり、鑊とは脚のない鼎であると理解されている。敦煌の鑊には把手があり、おそらくは蓋もついていた。壁画には脚も描かれている。容量は四斗、七斗、二碩《せき》、三碩（一碩＝一石＝一〇斗。一斗は約六〇リットル）などさまざまで、銅製と鉄製の二種類が存在した。嘉峪関魏晋墓磚画にもその図像が描かれている［→図19］。図19は嘉峪関魏晋墓磚画に見える三脚鑊である。図には、一人の女性料理人が鑊の下に柴をくべる様子が描かれており、ぼうぼうと炎が燃えさかっているのが見える。鑊からはしゃもじの柄がのぞいている。類似の構図は敦煌壁画の中にも見られる。

図20、21はそれぞれ莫高窟第四三一窟、第九六窟の壁画に見える鑊である。鑊は古代、主に肉を煮るために用いられた道具であるが、唐代以降の敦煌では変化が見られ、米を炊くのに用いられるようになる。寺院ではいくつもの鑊を所有していたが、これは肉を煮るためではなく、米を炊いたり、粥を作ったりするためのものであった。ここまでに紹介した炊事用具は最も大きいものでも五斗しかなく、これでは大規模な宗教儀式の際に僧侶らに食事を提供するには十分ではない。そのため、さらにひとまわり大きな鑊を使わねばならなかったのであろう。

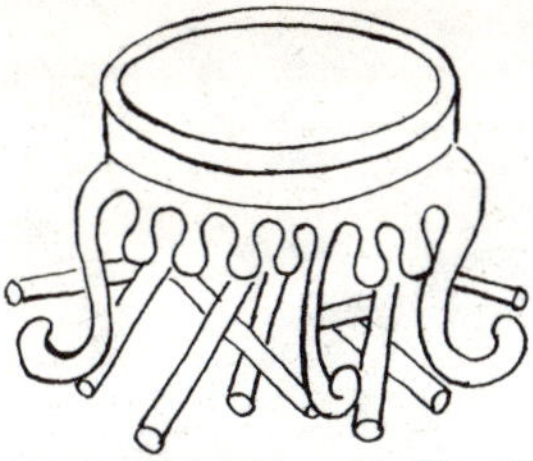

［図20］莫高窟第四三一窟　鑊の図像

［図21］莫高窟第九六窟　鑊の図像

◉鏊

多種多様な餅は敦煌で最もよく口にされた主食であり、餅を作るための焼きナベは最も頻繁に用いられる炊事用具のひとつとして、鐺などと比べても使用頻度がかなり高かった。

鏊《ごう》が中国で使用されていた期間は釜や鐺といったナベを上回り、早くは新石器時代から粉食類の食物を加工する器具として使われている。

図22は河南《かなん》省滎陽《けいよう》市青台《せいだい》遺址から出土した砂質の土で焼いた餅を焼くための道具（新石器時代）である。

［図22］
河南滎陽市青台遺址出土
烙餅を作るための道具（新石器時代）

当時は鏊とは呼ばれておらず、史料中に「鏊」という名称が見えるのは漢代になってからであるが、後漢・許慎《きょしん》『説文解字《せつもんかいじ》』には収録されていない。

敦煌の寺院の交接暦には一尺一寸、一尺二寸、一尺四寸、一尺七寸、一尺八寸、二尺、二尺三寸、二尺四寸（一尺＝一〇寸。一尺は約三〇センチメートル）といった規格の鏊が見える。これは鏊の口の直径であり、「斗」という容積の単位で鏊のサイズを表すこともある。ある文書には「三斗鏊子」とあり、一度に三斗の餅を加工できることを表すのか、三斗の麺粉を入れるだけの容量があるのかはっきりしない。鏊は主に銑鉄《せんてつ》から造られたが、錬鉄《れんてつ》で作られるものもあった。サイズが大きく、鋳込んで作られるタイプにはまっすぐ平らに保つための脚が三つ付けられていた。下から火をつけて、上に蓋をして密封し、上からも火を燃やして均等に熱をかけることができる。このようにすると、焼き時間が短縮できるだけでなく、燃料の節約にもなり、餅の外はさくっとこうばしく中はふわっとやわらかく、小麦の香り高く仕上げることができる。底に脚のないタイプのものは、現在「把鏊子《バーアオズ》」と呼ばれるものに類似した形状をしている。トルファン文書にも「打鏊」という鏊が見えるが、「打鏊」とは叩いてよく鍛えた鉄で造った一種の鏊のことである。

鏊は主に焼餅《しょうへい》や胡餅《こへい》を焼くのに用いられたが、これを所有する家庭は多くなく、ほとんどの農家では胡餅の調理には土を積み上げてつくった天火を使っていた。

鏊は現在でも中国西北の多くの地域で餅を焼く道具として用いられ、場所によっては「焪鍋《チオングオ》」「焼鍋《シヤオグオ》」などと呼ばれている。甘粛省《かんしゆく》蘭州《らんしゆう》市附近や河西・河東など地域によっては鏊で作った餅の人気が非常に高い。一昔前まで鏊は各村に二、三しかなく、祝い事や祭りのときには村中がこぞって餅を焼いていた。大きな鏊は重さ数百斤（一斤＝五〇〇グラム）にも達し、運ぶことすら困難で、蓋も両側の把手をつかんで何人かで持ち上げねばならないが、一度に二、三〇斤もの生地を焼くことができた。また「把鏊子」と呼ばれる柄のある小さなタイプでは、一度に一つの餅しか焼くことができないため、普通は個人の家庭で使われるものであった。また二層式の陶器製の鏊も存在する（写真は甘粛省景泰県《けいたい》にて撮影）［→図23］。

鏊で加工される餅は、地域によって「火鏊子《フオアオズ》」、「火焼《フオシヤオ》」、「焼鍋子《シヤオグオズ》」あるいは「鏊餅《アオビン》」と呼ばれている。

［図23］
陶器製の鏊（現代）

以上、数種類の炊事用具について見てきたが、多くは起源が古く、今となってははっきりとした区別がつけられないものもある。またいくつかの名称はすでに失われてしまっており、その使い道もほとんど同じであるため、どのように区別されていたのかよくわからない。例えば、ある辞書で「鍋」を引くと、「小さな鑊」とある。しかし、むかしそれが使われていた時代、特に敦煌の人は両者の明確な違いを認識し、次のような説明ができたはずである。鐺は底が平たく、口が広く、把手と脚があり、大きさはさまざまで、炒め物や餅を焼くのに用いる。鑊は口が狭く、把手と脚があり、肉を煮たり、米を炊いたり、粥を作ったりするのに用いる。釜は口が狭く、蒸し物に使う。鍋は口が広く、ご飯を炊いたり炒め物をするときに使う。もちろん、それぞれの用途についてはそれほど厳格に決められていたわけではない。用途ごとに何種類もの炊事用具が使い分けられ、同じ時期に並行して使われていたが、隋唐以降伝統的な炊事用具の機能が集約され、複数の機能を兼ねたものが出現したことで、食べ物の種類にも変化があらわれた。また、大小規格の異なる炊事用具の登場は、その家庭の構成員の数あるいは寺院で食事をしていた人数を反映するものである。

［図24］
トルファン出土
麺棒で麺を延ばす陶製の人形

炊事用具の革新は、食物の加工技術の発展と進歩を示している。当該時期の敦煌の交接暦には何種類もの炊事用具の名称が列挙されており、役割ごとに細分化され発展し、調理方法も複雑化していたことがわかる。

⊙麺台

麺台（「案板」）とは、麺粉をこねたりのばしたり切ったりする厚目の大きなまな板のことで、肉や野菜を切るのにも使われる。寺院の交接暦には麺台に関する記載が少なくない。

最も早い時期の麺台は、一種の机（「案」）のようなもので脚があり、人は地面に座って作業をしていた。トルファンから出土した唐代の彫塑は、女性が麺台の上で麺や餅の生地をこねる様子があらわされている［↓図24］。

図を見ると、餅を作るときの台は小さく、食卓とよく似ていて、人は地面に座ったり跪いたりしながら作業を行っていることがわかる。

資料によれば、寺院の麺台はすべて大きなもので、寺院ではみなで集まって仏事などたくさんの人が集まって活動する際には、大きな麺台で調理する必要があった。

机（「案」）から麺台（「案板」）への名称の変化は、機能の変化に由来する。さまざまな麺粉料理を作るためには大きな麺台で作業する必要があった。このとき麺台は野菜や肉を切るために使われることもあったが、主に麺をこねたり伸ばしたりするためのものであった。このような変化は調理技術の発展と深い関係にある。なお、「案板」という名称は現在でも使われている。

⦿甑《こしき》と蒸籠《せいろ》

蒸籠は、敦煌文書中では「咄籠《とつろう》」と表記されるが、これは河西地方の伝統的な呼称である。敦煌で食されていた餅の一種である蒸餅、蒸食（小麦粉で作られる蒸した食品）、細供（雑穀ではなく米や小麦を加工して作る食品）や葬儀で使う「盤」（各種食品の盛り合わせ）を作るためには、蒸す必要があった。このときに使われるのが「咄籠」と呼ばれる道具である。

蒸籠は主に竹や木を使って作られていた。蒸籠がまだなかったころは昔ながらの陶製の甑が使われていた。古い時期の敦煌文書には甑が使われていたことが記されている。この種の甑は嘉峪関魏晋墓磚画の図像にも見える［↓図25］。

［図25］嘉峪関魏晋墓磚画　陶製の釜と甑の図

［図26］嘉峪関魏晋墓磚画　陶製の釜と甑の図

女性の料理人がかまどにたきぎをくべているところが描かれている。かまどの上には陶製の釜が置かれ、湯気が噴き出している。横には甑が置かれている。これとよく似た図はもう一幅見える［↓図26］。ぼうぼうと燃え盛るかまどの火の上に釜が置かれ、一人の女性料理人が麺粉で作って蒸した食品の準備をしている。

⦿刃物

P.3638に「切刀一具」と見える。「切刀」とは今でいう包丁のことである。ただデザインの違いは、実は異なる飲食文化の特徴と伝統的な調理方法を反映している。中国で用いられる包丁は身幅

［図27］
嘉峪関魏晋墓磚画
削り刃の図

が大きく厚く重たいため、下に向かって力をかけることができる。西洋の包丁は刃が細く長くて軽く、尖っている。肉や野菜を調理するときは切るというよりは削ぐように使われる。包丁のかたちと使い方はその地域の伝統的な生産方式と深く関わっている。農耕文化圏では包丁は主に野菜や麺を切るのに使われるため、刃は厚く大きい方が力をかけずにすむため便利である。遊牧文化圏では包丁は肉を剥いだり、切り落としたりするのに使われるので、薄く鋭利なものが使いやすい。嘉峪関魏晋墓磚画に描かれる肉をさばく場面では、刃渡りが狭く大きい包丁が使われている［→図27］。ここから、当時半農半牧の生活を送っていた嘉峪関などの地域で用いられた包丁は遊牧民的な特徴を持っていたことがうかがい知られる。

⊙銅爪濾

P.3638には「銅爪濾《そうりよ》」と呼ばれる道具が見える。「爪濾」とは網じゃくしのことで、揚げものをする際に用いられる道具である。そのかたちが手の甲に似ていることから名づけられ、油の中から食品をすくいあげるために使われた。油䭔《ゆたい》や団子を揚げるときには欠かせない道具であり、現在でも使われている。『太平広記《たいへいこうき》』には尚食(皇帝の御膳をつかさどる部署)で䭔子《たいし》を作る全工程が記録されており、その中で「爪濾」についてもふれられている。その部分を以下に引用する。

……宴会の料理や酒を並べた台を見ると、ガタついている部分がある。そこでくさびですきまを埋め、平衡にした。その後、油の入った鐺を運んできて麺粉などを中に入れてから、包みから銀盒を一枚、銀製の篦子《へいし》（通常は竹籤《たけひご》を編んで作る道具であるが、ここでは銀製であり、針金状の銀を編んだものと考えられる）と笊籬《そうり》をひとつずつ取り出した。油が熱するのを待ち、盒から䭔子の餡を取り出し、麺を丸め、五本の指の間からはみ出してきたものを篦子でこそぎ、䭔子を鐺の中に入れる。火が通ったら笊籬ですくい上げ、別に用意しておいた水の中に入れる。しばらくしてから、もう一度油の中に入れ、煮立ったところで取り出し、台の上に置いたところ、出来上がりがあまりに丸いのでコロコロ転がってしまう。サクサクとした歯触りで味も良く、言葉で表現することなどとてもできない。

（『太平広記』巻二三四）

敦煌の人は揚げものを好んで食していたので、銅爪濾は油の中から食べ物を取り出す道具として大いに活用されていたにちがいない。

◉立食模

敦煌の調理器具の中に「立食模《りつしょくも》」と呼ばれる道具があるが、どのようなかたちでどのように使われるのかについては記録が残されていない。敦煌の献立には「小食子」「飣餖《ていとう》」、今でいう「点心（軽食）」にあたるものが存在する。トルファンの唐代の墓地からは、型抜きされた菓子が出土している。これらは木型に材料を押し込み、圧力をかけて成型して作られるため、かたち・模様を統一することができる。筆者は雲南民俗博物館で木製の菓子型の実物を見たことがあるが、ほかの地域でも同じような型が用いられていたにちがいない。「立食模」というのもこのような型抜き菓子をいうのであろう。

ここまで敦煌で使われていた炊事用具について紹介してきたが、これがすべてというわけではない。どのような道具を用いてどのように食品を調理していたかを知り、大まかに敦煌の飲食文化の特徴をつかもうというひとつの試みにすぎない。

3. 碗、皿、ナイフ、フォーク――敦煌の食器類

炊事用具と同様に、食器というものもまた食品の加工技術と飲食文化を反映するものである。食べ方と深く関係し、飲食文化を構成する重要な要素であり、他との違いを示す指標のひとつである。箸についていえば、中国を中心とするアジア飲食文化圏に特有の用具で、西洋ではフォーク、南アジアでは手を使って食べるのとは明らかに異なる特徴である。飲食文化の研究者らは、異なる飲食文化を食事方法によって分類代表させ、手を使って食事をする「手食」、箸を主に使って食事をする「箸食」、ナイフ・フォーク・スプーンを使って食事する「ナイフ・フォーク・スプーン食」といった呼称を用いている。

敦煌の食器については、多くの寺院の交接暦に記録が見られるほか、壁画中にも描かれている。どれが何であるかはっきりということはできないが、碗、小皿、大皿、鉢、箸、匙、しゃもじ、玉杓子、ナイフ、フォークなどが確認できる。辺境に位置する敦煌でもこれだけの食器が揃っていたのは、伝統的な中国飲食文化を受け継ぐと同時に、周辺少数民族の食器からも便利なものを取り入れていたためであろう。まずはナイフとフォークの利用が、敦煌の飲食文化が非常に高い水準まで発達していたことを示している。

⦿碗

敦煌文書の中で碗《わん》は「椀」と記されることが多い。これは碗が主に木で作られていたことによる。木碗（木製の碗）のほか、漆碗《しつわん》（漆塗りの碗）、銀碗（銀製の碗）、瓷碗《しわん》（磁器製の碗）があり、それぞれ容量に応じて大きいものから順に大碗、次碗（二番目の碗）、更次碗（さらに次の碗）、小碗といった具合に区別されていた。

木碗はまた「樹根碗（木の根の碗）」とも呼ばれるが、それは職人が長年の経験に基づき、加工品の耐久性を考慮して樹木の根から採れる密度の高い材木を利用して作っていたことによる。敦煌で使われる木碗は敦煌当地で作られていた。文書に登場する「旋碗《せんわん》博士」とは木碗を加工する職人のことをいうに違いない。

漆碗は、漆塗りの比較的高級な碗で、「赤裏碗」や「朱裏碗」とも呼ばれることがあり、碗の内側が赤色をしていたらしい。以前河西地方の庶民の間で流行していた木碗も内側は赤色であった。おそらく漆の加工は敦煌で行われたものではなく、既製品が交易によって外から持ち込まれていたのであろう。

瓷碗とはいうまでもなく釉薬《ゆうやく》を塗って焼いた磁器製の碗で、これもまた外から運び込まれたものである。中原で磁器産業が非常に発達していたことを考えれば、それが敦煌にも持ち込まれたのは当然のことであろう。瓷碗にはしばしば花卉《かき》の図案が用いられたため、「花碗」とも呼ばれ、この呼び名は今日の河西地方にもまだ残っている。

寺院で用いられる銀碗は、その大部分が信徒の寄進によりもたらされていた。一対の銀碗を作るには八両半の銀を必要とした。銀碗の場合は、敦煌現地の銀職人により製造されていた。銀碗は日用食器ではなく、仏への供物を盛るために使われるのが主であった。

◉小皿

敦煌の小皿は「畳《じょう》」あるいは「楪《ちょう》」と書かれ、銅製、木製、漆製、磁器製のものがあった。碗と同様に「朱裏」といわれる内側が赤いものがあり、また「花碟子」というのは花卉《かき》の図案を施した小皿であったと考えられる。

小皿は主に料理の盛り付けに用いられていた。資料によると、寺院では食事の際、碗と小皿が同じ数だけ準備されている。おそらく僧侶にはそれぞれ碗と小皿が各一枚ずつ渡されていたのだろう。またここからは、当時敦煌では料理を小皿に盛り分ける習慣があったことがうかがえる。

［図28］
楡林窟第二五窟
浄瓶と盤子の図

◉大皿

文献中に最もよく見られるのが大皿（「盤子《ばんし》」）である。現在では大皿（「盤子《バンズ》」）と小皿（「碟子《ディエズ》」）をそれほどはっきりと区別しなくなったが、むかしは両者を明確に使い分けていた。

大皿は料理を食卓に運ぶ時や盛り付けに用いられ、小皿は平べったいかたちをしていたが、それに比べると大皿はかたちもさまざまで、種類も豊富であった。大皿には配膳のための盆として使われる長方形の大きな木製のものもあれば、壁画に描かれるような汁気のない食べ物を盛りつける食器として使われるものもあった。

図28は楡林窟第二五窟剃度《ていど》図に見える浄瓶《じょうへい》（浄らかな水を容れる水瓶）と盤子の図像である。剃度（得度）の様子を描くものではあるが、ここでは図中に見える盤子に注目したい。料理を運ぶための盆として使わ

れていた盤子の一種であろう。近代に入ってからも、河西地方では家で大事な儀式を行うとき、これとよく似た盤子を使って料理を運んでいた。

さらに材質・形状の異なる盤子を見てみよう。材質で分類すると、木、漆、銅、磁器、銀の五種があった。また形状によって「団盤」「牙盤」「高脚盤」「馬頭盤」「中台盤」「合盤」「擎盤《けいばん》」などと呼び分けられ区別されていた。このうち高脚盤と中台盤は脚付きの膳のようなものであったと思われる。楡林窟第二五窟の婚宴図などの壁画に見えるものも、盤子の一種であると判断される。図29で下僕が運んでいる盤子はふちが広く中央が浅くくぼんでいて、高台もついている。莫高窟第四五窟の供養図に見える机の上には、片端に木製の四角い盤子が置かれ、中央には脚付きと脚無し、二つの盤子が置かれ、食べ物が盛られている。ほかにも脚付きの小さな飲食器（酒杯あるいは小さな盤子）が五つ並んでいる［↓図30］。これらの食器は楡林窟第二五窟の婚宴図で運ばれているものと似ており、酒を飲んだり食事をしたりするのに使うものである［↓図29］。

［図29］楡林窟第二五窟　婚宴図

［図30］莫高窟第四五窟　盤子と飲食器の図像

馬頭盤は、その形状がウマの頭部に似ていることから名づけられた。団盤についてはどのようなかたちであったのか不明である。合盤は蓋付きの盤子で、「飣餖」

のような手の込んだ間食品を作るのに使われたものと考えられる。牙盤には、花牙盤、黒牙盤、白牙盤、緑浄牙盤、方牙盤などがある。「八尺大牙盤」と呼ばれるものもあったことから考えて、方牙盤というのは壁画にしばしば見られるような机の上に置かれる仕切りのある盤子のことである。牙盤というのは比較的大きな概念で、先に挙げた花牙盤、黒牙盤、緑浄牙盤などは脚のない低い盤子全般をいうのであって、特に花柄の盤子などを指していうのではない。

[図31]
楡林窟第二五窟
蒸餅を盛った盤子

[図32]
莫高窟第一五四窟
蒸餅を盛った盤子を運ぶ女性

図31は楡林窟第二五窟に見える蒸餅を盛った盤子である。
図32は莫高窟第一五四窟に見える女性が蒸餅を盤子に盛り運んでいる様子である。
図33は莫高窟第一五四窟に見える食卓に置かれる饊子と炒麺を盛った盤子である。
図34は莫高窟第二三六窟に見える蒸餅を盛った盤子である。
図35は莫高窟第二三六窟に見える饊子を盛った盤子である。

盤子の用途は主に三つある。一つ目はすでに述べたように、食物や食器、果物の運搬、配膳用のものである。主に四角いかたちのものが用いられ、盤子の内側には木製の仕切りが付けられ、さまざまな食品を別々に盛ることができるようになっている。二つ目はブドウなどの果物、各種餅、汁気のない食べ物の盛り付けに用いられる高脚盤、中台盤である。壁画の中には脚が三本のものも見られる。莫高窟第一五四窟南壁の薬師経変画中の供養斎僧図には、一人の女性が三脚の盤子を両手で運んでいる様子が見えるが、その盤子の形状は敦煌から出土した陶器とよく似ている。上には供物と思われる饅頭《マントウ》が高く積み上げられており、横の机の上にもそれとよく似た浅くカーブを描いた形状の器が見え、食べ物が盛られている。これらはすべて盤子と呼ばれるものであると考えられるが、文献に記載される名称とどのように対応するのか判断しかねる。最後三つ目の盤子は、おかずやご飯を盛るためのものである。敦煌変文中には『目連縁起《もくれんえんぎ》』「造取些好菜盤（おかず用の盤を作る）」、『捉季布変文《そくきふへんぶん》』「処分交妻盤送飯（妻に食事の支度をさせ、盤で食事を供する）」、『舜子変《しゅんしへん》』「与飯盤食者（食事を盤で食べる）」「与食一盤喫了（盤一杯の食事を食べ終わる）」といった表現が見え、いずれの資料も盤子がおかずやご飯を盛りつけるために使われていたことを示しており、現在とほとんど変わらない。また、その役割は現在の碟子に近い。

「擎盤」（「兢《きょう》盤」「鏡盤」とも表記される）は、その名称から判断して、運搬・配膳用の盤子であると考えられる。名称は文献中によく見られるものであるが、その用途については知るすべがない。

銀盤子と雕花《ちょうか》銀盤子は、信徒から布施されるものである。一枚につき使用する銀の量は、七両、一〇両、一二両、一五両のものがあった。雕花銀盤子は外国から持ち込まれた技術で作られていたと考えられ、その様式は西アジアの影響を受けている。あるいは西域産のものが輸入された例もあったであろう。

［図33］
莫高窟第一五四窟
食卓に饊子と炒麵を盛った大皿

［図34］
莫高窟第二三六窟　蒸餅を盛った大皿

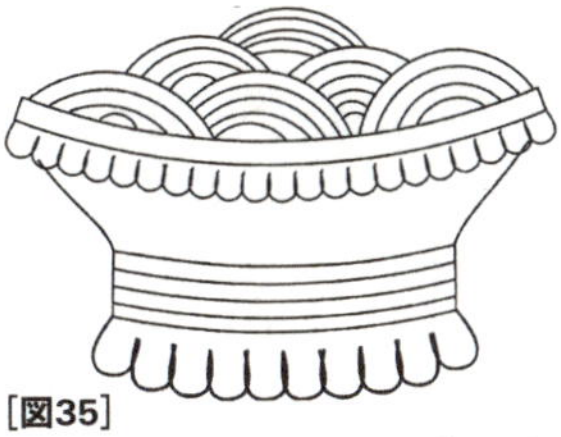
［図35］
莫高窟第二三六窟　饊子を盛った大皿

ここまで述べてきた通り、文献や壁画の中には多種多様な形状をもつ盤子が見られるが、これは敦煌の飲食文化の特徴を十分に反映するものである。客人を迎え食事をする際には、主食となる各種餅《へい》と当地で生産が盛んな果物が供される。これらの食品を盛り付け配膳す

［図36］
莫高窟第四六五窟
柄の曲がったスプーン

るには大量の盤子が必要となり、そのため寺院の帳簿には頻繁に「盤子」について記録されるのである。さらに、壁画から信者が仏や菩薩の塑像に食べ物を供えるときには盤子に盛る習慣があったことが分かるが、これもまた多くの盤子が寺院で用いられる理由である。

⊙箸・スプーン・ナイフ・フォーク

箸は、敦煌文書中で「箸」あるいは「筯」と表記され、匙と同様に、木製や銅製、漆器製や銀製のものがあった。寺院文書では「匙筯《しきん》」とまとめて称されることが多く、「副」という助数詞をもって数えられることからも、箸とスプーンはセットで用いられることが多かったと考えられる。敦煌では当時、汁麺や粥を食す際、箸とスプーンを併用していたらしい。『目連縁起』中に目連が母親に食事を差し出す場面で「香飯瓊漿《けいしょう》都一缽《はつ》、願母今朝喫一匙（ご飯と汁ものを一碗ずつ用意いたしました。母上が今朝一匙召しあがってくださいますように）」との描写がある。ここでは食事とともにスプーンが手渡されている。

莫高窟第四六五窟東壁入り口の南側に見える「大成就者」の左側の図中には、柄の曲がったスプーンを手にする一人の人物が描かれる。地面には木製の碗が置かれており、食事をしているところのようである［↓図36］。同様のスプーンは嘉峪関魏晋墓磚画の飲食図中によく見られるが、食事に使われるのではなく、粥や汁ものを分配したり、酒を酌むために用いられている［↓図84・図89　一三六頁・一四六頁］。

次にフォークとナイフについても簡単に紹介しておこう。

［図38］嘉峪関魏晋墓磚画　焼肉を食べる場面

［図39］嘉峪関魏晋墓磚画　焼肉を食べる場面

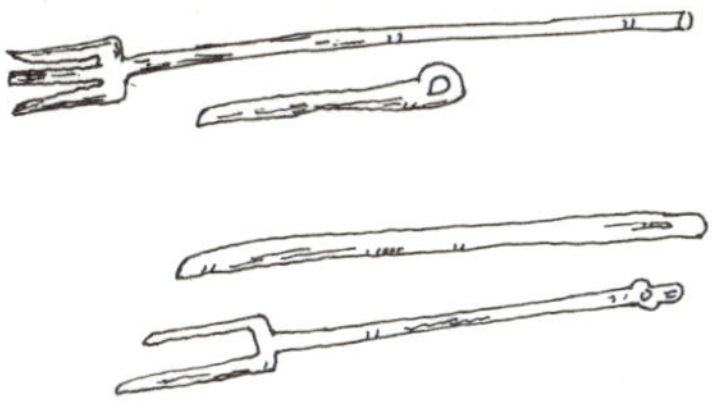

［図37］敦煌祁家湾西晋墓出土　フォークの図

フォークは敦煌の什物交接暦には見えないが、漢から魏・晋の頃には河西地方で日常的に用いられていた。武威《ぶい》の漢代の墳墓や嘉峪関《かよくかん》の魏晋墓、敦煌の魏晋墓の磚画に描かれる食事の場面で使われているのが見えるほか、実際に使われていたものが出土しており甘粛省博物館や敦煌市博物館に収蔵されている。フォークには二股のものと三股のもの、二種類存在する。漢代のフォークは比較的長く、一尺を超え、柄尻には輪が付いており、壁にかけることができるようになっている。敦煌祁家湾《きかわん》西晋墓からは二股のものと三股のもの、いずれも出土しているが、時間経過に伴う劣化により、使われていた当時に比べ少し短くなっており、現在はそれぞれ二三・二センチ、二七・五センチしかない［↓図37］。

フォークはもともと調理に使われていたが、このころには食事にも使われ始めていた。嘉峪関魏晋墓の磚画に見える飲食図では調理用具として肉を焼くために用いられたあと、そのままのかたちで下僕から食客のもとへ運ばれている［↓図38・図39］。

ここからフォークの用途が調理器具から食器へと変化しつつあったことがわかる。祁家湾墓地からは二種類のナイフが出土している。峰が真っ直ぐで刃が斜めになった片刃のもので、柄尻には輪が付いており、それぞれ長さは二四・五センチと二二・五センチである［↓図40］。またこれ

［図41］敦煌莫高窟第一五八窟　喪礼の一場面、挙哀の図

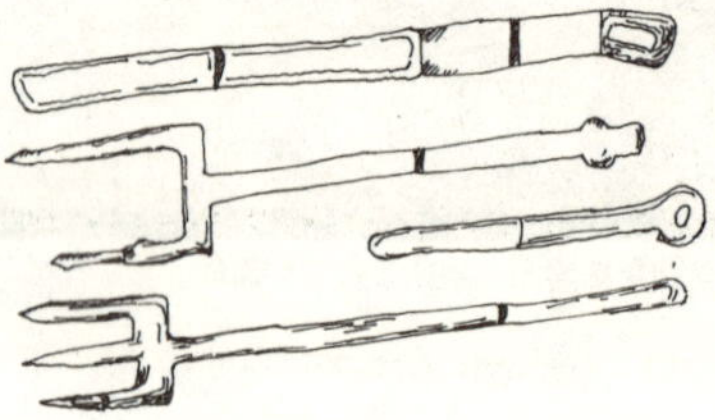

［図40］敦煌祁家湾西晋墓出土　ナイフとフォークの図

は先ほど紹介したフォークとそれぞれ対になって出てきたものである。死者の生前の食事作法に基づいて埋葬時に納められたにちがいなく、当時の貴族が食事する際には、机の上にナイフとフォークが並べられていたものと推測される。現在西洋に見られるナイフ・フォーク食の起源をここに求めうるのではないだろうか。河西地方ではかなり早い時期からナイフ・フォーク食が出現しており、またフォークというのは遊牧民の食文化の中で発達し、半農半牧の河西地方では非常に多く用いられた。敦煌周辺の飲食文化もまた農耕文化と遊牧文化両方の特徴をあわせもっている。食事作法も今日の西洋のそれと共通するところがあり、各人の食卓にはナイフとフォークが各一本ずつ取り揃えられ、肉を切りながら食べるのに使われた。このような食べ方がいつどのように廃れたかについてはまだ検討の余地が残るが、中原の農耕飲食文化からの圧力が大きいのではないかと予想される。

文献中に見える「食刀」とは比較的小さな持ち歩きに便利なサイズの小刀をいい、肉を切り取るために使われるものである。遊牧民族は、ナイフを片手に肉を切り取っては口に運ぶという方法で食事をする。このような食事方法は、今でもモンゴル族やチベット族に残っている。吐蕃《とばん》の統治下にあったとき、チベットの食事作法が敦煌に影響を与えている。莫高窟第一五八窟の壁画に見える涅槃《ねはん》図では、少数民族の王子が挙哀（喪礼の一つで、遺族たちが大声で号泣して悲しみを表すこと）の際に、身に着けていたナイフで自分の皮膚を傷つける様子が描かれる。この種のナイフは常に持ち歩き、肉を食べるときに使うためのものである［↓図41］。

このように敦煌の食事作法は、スプーンや箸、碗や碟《ちょう》といった漢民族風の特徴を持つ一方で、漢から魏晋朝にかけてはナイフ・フォーク・スプーン食という「胡風」の色合いが濃く、唐・宋になってもこの特徴は依然として残されていた。

⊙杓

敦煌文書には杓《しゃく》についてもしばしば言及があり、「勺子」「杓子」と表記される。「杓」という文字が用いられるのは木製であったことに由来する。杓の用途は二つあった。ひとつめは調理器具として用いられるもので、ご飯や粥を盛りつける、酢や醤油などの調味料を加える、酒などの液体飲料を注ぐ、油を注ぐ、といった用途に使われた。「水勺」とは水を汲むのに用いられたものである。もう一つは、計量に用いられるもので、一定の規格に従って作られたものである。文献中に見える酢・醤油用の杓というのは、それらを計るために使われたのか、ただすくい取るためだけに使われたものか、今となっては知る由がない。いくつかの文献では「大木勺」「大水勺」という器具について繰り返し言及があり、いずれも水を汲むために日常的に使用されるものであったらしい。計量器としての杓には一升のものがあり、今日の杓とは形状が異なり、酒を汲むときに使われた。図42は楡林窟第二五窟の婚宴図に見える樽と杓である。図43は莫高窟第二三六窟斎僧図に見える樽と杓である。壁画には柄の曲がった杓がしばしば描かれ、斎僧図（僧侶に食物を施与する場面を描く）や婚宴図では、口が広く胴の膨らんだ、三本脚の器の中に入れられているが、その器が魏晋磚墓壁画の中に見える場合は酒樽である。敦煌壁画に見えるものであれば、斎僧図にも現れることから、中身が酒ではなく粥の可能性も考えられる。

[図42]
楡林窟第二五窟　樽と杓

[図43]
莫高窟第二三六窟の斎僧図に見える樽と杓

⊙盛

「盛《せい》」は「晟《せい》」とも表記され、陶盛と木盛の二種類が存在する。盛は鉢より大きく盆より小さな盛付用の器で、蓋付きのものが一般的である。文書には容量が九斗もある陶器製の盛についての記録も残されている。盛は主に汁麺や粥、臛《かく》(肉の入った濃厚なスープ)、羹《かん》(あつもの)などを盛るときに使われた。蓋が付いているため食卓に運んでからも一定の温度を保つことができた。花柄、黒色や黄色などのものがあった。盛と樽はしばしば同様に用いられる。例えばS.1642には「花樽盛」とあるが、敦煌では「樽」と「盛」に区別はなく、同じものとしてとらえられていたようである。

⊙鉢

鉢《はつ》は口が小さく胴が膨らんだ小さな容器で、おかずやご飯の盛り付けに用いられた。鉢は専ら仏教徒が使うものとしてその名が知られているが、実際にはその起源は早く、同様の器具は原始社会においてすでに使用が開始されており、各地の博物館には出土品が陳列されている。敦煌文書の中にも鉢に関する記述は多い。蓋があるものとないものがあり、木あるいは銅で作られ、容量については五升と記されるものが確認される。一種の器で、その用途は出家者の食器に限定されるものではない。敦煌莫高窟の壁画や雕塑の菩薩はそれぞれに様々な鉢を持っており、その中には花などの美しい模様のものもある。

⊙拭巾

敦煌文書には、「拭巾《しょくきん》」という飲食と関係のある名詞が見える。その用途については記されていないが、字面から察するに、手や食卓を拭くための布巾であると思われ、当時の衛生観念を表している。「拭巾」はトルファン文書にも見える。敦煌文書P.3231は平康《へいこう》郷で役所が主催した斎僧を数年にわたって記録したものであるが、その中にもっぱら「浄草」の準備を担当する人物が表れる。浄草とは手を拭くためのものであるが、僧侶らが手を拭く用具を「浄草」と呼んでいたのは、おそらく宗教的な清めの意味も含まれていたのであろう。油で調理した餅がよく食べられていたことから、油脂を分解する作用を持つ植物が「浄草」として用いられたはずである。

［図44］
嘉峪関魏晋墓磚画
女性が手中に持つ魁子

⊙槐子

「槐子《かいし》」は、碟子、盤子、摞子《るいし》、碗などと共に並んで記録されることから、これもまた食器の一種であると考えられる。「槐」とは「魁《かい》」のことであろう。「魁」とは古代の飲食器の一種で、河南《かなん》省霊宝《れいほう》市の後漢時代の墳墓から出土した陶器製の机には「魁」が乗せられていた。柄があり、その形状は今でいう馬杓《マーシャオ》（ご飯やお粥をすくうための大きめの杓子）に似ているが、底は平たく柄があるので熱いもの、おそらく粥や汁ものを注ぎわけるために用いられた器具であろう。嘉峪関の魏晋墓の磚画に描かれる下女が手に持っているものは、形状からみて、魁であると考えられる［↓図44］。

⊙弁当箱・重箱

敦煌祁家湾西晋十六国期の墳墓や仏爺廟《ふつやびょう》の西涼墓から副葬品として大量に出土した入れ物は、どれも軽食や飣餖のような食品を盛る容器で、弁当箱・重箱のように用いられていたものと考えられる。

敦煌で流行した文学作品の中でも食器に関して『伍子胥変文《ごししょへんぶん》』には「遂取葫蘆《ころ》盛飯（葫蘆でご飯を盛りつける）」「麦飯一謳《おう》（甌）（麦飯一碗）」といった描写が見られる。「葫蘆」とはヒョウタンのことで、熟したヒョウタンの果実から、内部の果肉を取り去り、乾燥させて容器としたものである。縦半分に切ればひしゃくとして使うことができ、碗が足りない時はご飯を盛るためにも使われた。婚礼でさかずきを酌み交わす際には、必ずヒョウタンに酒を注がねばならないとの規定も存在した。敦煌でもヒョウタンや甌《おう》（小さい鉢）でご飯を盛っていたことがわかる。

4. 盆罐缸甕――敦煌の容器

食品を入れるための容器は、飲食文化を研究する上でひとつの要となる用具である。食品がどのように保管されていたかを知らねば、その土地の食生活全体の特徴を描き出すことはできない。大小さまざま、多種多様な目的に使われる容器が存在したが、あまり注意が向けられず見過ごされてしまうことが多い。しかしこれらを理解して始めて、私たちは敦煌の飲食文化の全体像をつかむことができるのである。ここでは敦煌で使われていた櫃《き》、缸《こう》、甕《おう》、盆《ぼん》、罐子《かんし》、軍持《ぐんじ》、栲栳《こうろう》、褐袋《かったい》など数種類の容器について紹介する。

⊙櫃

櫃《き》は、農耕民族が暮らしの中で使う家財道具の中でも最も高級なものである。あまり資料が残っていないため、櫃についての研究はあまりなされてこなかった。しかしながら、敦煌文書には比較的頻繁に見られ、その大きさや形状、機能について知ることが可能である。最も大きいものは容量が三〇石もあり、その他二〇石、一五石、一〇石、七石、五石、四石、二石といったサイズのものがあった。大きな櫃には「陸脚（六本の脚）」あったとあり、これは収納スペースが二つあったことを示している（脚があるのは四隅と仕切部分の下二ヶ所、計六本）。最も大きな櫃では三つの収納スペースを持ち、八脚あった。三〇石も収納できるというのは非常に大きなもので、近代の農村でもほとんど見かけることはない。櫃は収穫したままの穀物や、小麦粉や米、餅などの加工品の保管に使われた。

敦煌文書中には櫃の各部分の名称についても言及があり、「象鼻《ぞうび》」「胡戌《こじゅ》（屈戌）」というのはいずれも櫃の鍵穴の形状や特徴をとらえたものである。

⊙盆

盆《ぼん》にはさまざまな用途があり、日常的に道具として用いられるだけではなく、油や食品を入れておく容器としても使われていた。敦煌の壁画の中では主に水を入れるため、あるいは顔や髪の毛を洗うために使われている。楡林窟の壁画では収穫したカボチャが盆の上に載せられている様子が見える［↓図13 三七頁］。剃度図では大小さまざまな盆を使って頭を洗っている。敦煌で使用されていた盆の容量には三斗、五斗、六斗、二石、あるいはもっと小さなものもあり、用途によって使い分けられていた。木製のものが主で、仏教と関係のある図案を持つものも存在した。莫高窟第一四六窟に見える木製の盆は、覆蓮と仰蓮(蓮の花を下向き・上向きに配した紋様)のかたちをしている[→図45]。さらに特殊な紋様装飾が施されたもの、銅製のものも存在した。

[図45]
莫高窟第一四六窟
木製の盆

⦿缸

缸《こう》は水や穀物、油などを入れるために使われた。三斗、二・五斗、三升、一斗、一・五斗などの容量のものがあり、陶器製、磁器製が主であったが、銅製のものもあった。

資料に見える缸には二種類ある。まずひとつは容器としての陶器製の缸である。大小さまざまで、穀物や加工後の麺粉、米のほか、水や油を入れるために使われた。もう一つは、磁器製の缸で、陶器製のものに比べて小さく、伝統的に「缸子《こうし》」と呼ばれてきたものがこれに当たる。これも主に食物を入れるために使われる。三升しか入らないような缸子は、おひつのようにご飯を入れたり運んだりするために使われたものである。一昔前の農村では両側に耳のついた一種の小さな缸子が酢や醤油差しとして使われ、野良仕事をしている人に食事を届けるときに添えられていた。このような缸子は敦煌にも存在した。文書に見える「有繋缸子」の「有繋」とは、ヒモでつないで提げて運ぶことができたことをいっている。

⦿甕

甕《おう》は胴の膨らんだ口の小さい陶器製の容器で、敦煌では穀物や酒を保存する、あるいはご飯を盛るために使われた。大小さまざまあり、時に食器としても用いられ、最も広く用いられた器具の一つである。大きな甕は穀物の保管に使われ、「乾甕《かんおう》」と呼ばれた。小さなものは粥や汁物用で、またそれとは別に油

[図46]
莫高窟第六一窟
陶器の甕を製作する様子

や酒用のものもあった。油や酒用の甕は、計量器としての役割も兼ねていた。酒一甕（＝四角）は六斗に相当し、一斗は一〇升である。甕は陶器製と木製の二種類あり、陶器製のものは敦煌で生産されていた。甕を作る職人は「甕匠《おうしょう》」と呼ばれていた。壁画には甕匠が甕を作る様子が描かれる。図46はその一例で莫高窟第六一窟の製陶図である。甕匠は上衣を脱ぎ、右足で輪を踏んで回転させつつ、左手で成型した甕を支えながら、右手に持った木製の金槌で加工を施している。

文献中には甕匠が甕と食料を交換していたことが記録されている。

甕は敦煌で用途が広く最も頻繁に使われた器の一つであり、当地で生産されていたため、価格も安かった。甕は口が小さく胴が膨らんだかたちに作られているため、酒や油などの液体の食品を貯蔵してもホコリが入りにくく、酸化による味の変化も最小限に留めることができた。壁画や文献によく見られる。

◉瓶

瓶《へい》には銀、銅、玉石、瑠璃や陶器などで作られたものが何種類も存在した。

文献中には寺院で用いられたさまざまな種類の瓶について記載がある。僧侶らにとって、瓶は日用品であるだけでなく、自身の身体を浄めるための法器の一つであった。壁画に最も多く描かれる器で、壁画であれ彫刻・塑像であれ、菩薩はみな手に浄瓶《じょうへい》を持っており、かたちや大きさ、材質もさまざまである。僧侶が備えていた瓶の形状はみな同じである。壁画中の瓶は菩薩の持つ法器として描かれるが、その原型は現世の日常生活で使用される瓶にちがいない。当時の敦煌の瓶の形状は現在のものとほとんど同じで、頸の長い瓶（「細項瓶」）や、注ぎ口のついた瓶（「注瓶」）などがあった。注瓶は注ぎ口と持ち手のついた蓋のある瓶で、唐代には「注」あるいは「偏提《へんてい》」と呼ばれていたが、後に「壺」と称されるようになる。これも莫高窟の壁画に見え、瑠璃、陶器、銅（敦煌で「鍮石《ちゅうせき》」と呼ばれていた真鍮を含む）、鉄などを材料として作られていた。

一般家庭では、瓶は油や酒、酢、醤油などの液体飲料や調味料を入れるために使われていた。P.4635には社家の女性らは「便油（油の貸し借り）」する際に計量する道具として瓶を用いている。「曹家の保瑩《ほうえい》は三瓶の油を借りた。秋までに（利子を含めて）四瓶半（返す）。穆《ぼく》家のむすめは、二瓶の油を借りた。秋までに三瓶半。史家のむすめは一瓶、秋までに一瓶半……」。旅に出るときは瓶に水を入れて携帯した。敦煌では主に陶器の瓶が生産され、瑠璃や真鍮製の高級品は国外あるいは中原からもたらされたものであった。文献中には、「金花銀瓶」というものもあり、彫刻がほどこされた一種の銀細工で、製品そのものあるいはその製法が異域からもたらされたものである。

◉罐

罐《かん》もまた日常的に使われるもので、品種、規格が多い。材質はよく利用されるものから順に銅、木、陶器である。ものを入れるほか、身体を洗う際に水をかけたり、食べ物を運んだり、油を入れるために用いられた。P.2613には「一升の銅罐ひとつ、ひもで縛ったものが張僧政のところにある」とあり、『伍子胥変文』には、伍子胥が川を渡る船もなく、川辺で餓えに耐えかねていたところへ「魚人」が現れ、「美酒一榼《こう》、魚肉五斤、薄餅一〇枚を手に入れ、ご飯を一罐携えてきた」だけでなく、向こう岸まで連れて行ってくれたという場面が見える。壁画では女性が罐を使ってご飯を田畑のあぜ道へ運ぶという生活感あふれる光景が描かれる[↓図47]。

これは莫高窟第二三窟に見える壁画であるが、耕牛を休ませている横で三人の人物があぜに腰掛けて食事をとっている。手にはそれぞれ碗を持ち、三人の中央には食事を運んでくるのに使った罐が置かれている。

[図47]
莫高窟第二三窟
野良仕事の合間に休憩し食事をとる場面

⊙褐袋

褐袋《かったい》とはフェルトを長方形に縫い合わせたもので、古くから使われてきた。河西地方の農民の間では俗に「口袋《こうたい》」と呼ばれ、主に穀物を入れるために使われている。その起源は古く、今に至るまで穀物を駄馬輸送する際に利用されている。規格はさまざまで、開口部が一辺だけのものを「長口袋」といい、四辺は縫い閉じられており中央から両端に向かって開口部が作られたもの（ポケットティッシュケースのような形状のもの）を「衩子《さいし》」といい、「半截《はんさい》口袋」と呼ばれる短めの袋もあった。駄獣の種類に合わせて縫い方も工夫され、ラクダの場合は、短めで比較的大きな袋をこぶに二袋載せて運搬する。ロバや馬の場合は細長い袋が選ばれ、一度に運べるのは一袋だけである。旅行の際に身の回りのものをいれる「衩子」は小さめである。褐袋は敦煌では穀物を運ぶために使われる主要な道具であった。褐袋を作る職人は「褐袋匠」とよばれ、フェルトを縫い合わせる専門の技術を持っていた。

P.3638には二つの非常に大きな褐袋について記されている。「大きな八碩《せき》の褐袋ひとつが神会《じんね》のところにある。朱神徳《しゅしんとく》のところには六碩の褐袋をひとつ」これは普通では考えられない大きさであるが、誤写ではないようである。これほどまでに大きな褐袋を運ぶのは容易ではなく、家畜を利用して運搬することはもはや不可能で、仮にそれ専用に大八車が用意されたとしても、簡単には動かせなかったにちがいない。これついてはもう少し検討が必要となろう。

褐袋のほか、敦煌では皮袋も使用されていた。皮袋は羊の全身の皮をまるまる剥ぎ取り、なめして容器とするものである。皮袋は密封性が高く、河西地方では小麦粉や穀物などの保存、また水を入れるためによく利用されていた。皮袋に食品を入れるというのは、非常に遊牧民族的である。

⦿栲栳

栲栳《こうろう》とは、木の枝などで編んだカゴの一種で、穀物や食品を入れるのに使われていた。『韓擒虎《かんきんこ》話《わ》本《ほん》』には「栲栳の饅頭を担ぐ」という一文が見える。栲栳を編むための原料はヤナギの枝や灌木の枝が一般的であるが、敦煌に多く見られるタマリクスでも作ることが可能である。栲栳もまた敦煌の農民が日常的に使用していた道具のひとつである。

⊙食櫃

寺院文書に見える「食櫃《しょくき》」は、台所用品のようである。中国北西部の家庭の台所では食器類や各種食品、調味料はすべて食器棚に片付けるのが習慣であるが、おそらくこれと同様の機能を持つのが「食櫃」である。食櫃の底板と床面の間にも食品の保存が可能な作りになっていた。

ここまで紹介したほかに、敦煌文献中には軍持、壺といった容器についても記録がある。いずれも僧侶の必需品あるいは一般家庭の日用品であった。

5. 甕角叵羅——敦煌の酒器

「飲」は飲食文化の重要な部分を占める。文化的意義から言えば、「食」よりもさらに重要な特徴を持つとも言えるだろう。なぜなら生命を維持するために水分を摂取するというのであれば水だけで十分であり、わざわざ茶や酒といった飲料を口にする必要はないからである。茶、酒などの飲料は贅沢品であり、生理的欲求というよりは飲食活動における文化的意義が大きい。このような点において、「飲」はより文化的特徴を備えているのである。

社会全体に飲酒の習慣が広がる中で、敦煌も例外ではない。

敦煌の酒器は種類も多く、甕《おう》、角《かく》、銚子《ちょうし》、樽《そん》、盞《せん》、擽子《るいし》、屈卮《くつし》、杯《はい》、瓶《へい》など用途ごとに異なったものが用意され、あるものは容器や杯、またあるものは酒を温める道具として使われていた。

⊙甕

甕《おう》は口が小さく頸が細く胴が膨らんだ容器で、酒の芳醇な香りを保つのに適した形状で、容量も大きく、衛生的であるため、油だけでなく酒の保存容器としても使われていた。醸造酒は六斗の甕に詰められるのが一般的で、酒屋でも「甕」を単位として販売していた。寺院や帰義軍衙内から酒屋に注文をするときも必要な数を「甕」で示すことが多い。莫高窟第二九〇窟天井部分の三角形になった斜面に見える仏伝故事中では、酒の入った甕がぜいたくな食事の象徴として描かれている[→図48]。「乾盛甕」と異なり、酒用の甕の製作には吸水を防ぐために釉薬が使われる。

[図48]
莫高窟第二九〇窟
甕

⊙角

角《かく》は酒を飲むときに使う一種の道具であるが、敦煌資料に見える角の用途はやや異なる。酒を入れたり、量ったりするためにも使われており、その形状は明らかではない。一つの角には一斗五升を容れることができ、これほど大きなものは杯として使うには不適当であり、保存容器あるいは客人に酒をふるまうときに使われたものと考えられる。

⊙銚子

敦煌資料中では「温酒銚子《ちょうし》」と記され、『紅楼夢《こうろうむ》』では「吊子《ちょうし》」と表記される。「銚子」について各辞書は次のように解説する。『現代漢語詞典』「壺を高くしたようなかたちで、口が広く、蓋や柄がある。金属製のものもあれば、陶器製のものもある」、『辞海』「柄と注ぎ口のある小さな湯沸かし」、『漢語大詞典』

「柄と注ぎ口のある一種の小ナベ」。銚子は茶を煮だしたり、粥をたいたり、酒を温めるために使われる。「温酒銚子」ということばからは、敦煌では酒を燗にして飲む習慣があったことが読み取れる。

［図49］
嘉峪関魏晋墓磚画
樽と柄の曲がった杓の図像

⦿樽

樽《そん》は「尊」とも表記される。樽は伝統的な酒器である。主に酒を入れるために用い、ここから直接酒杯に注がれる。敦煌でもよく使われた酒器であったが、時代によりその形状は異なる。敦煌祁家湾の墓地から出土した陶製の樽は円柱形をしていて、嘉峪関魏晋墓の磚画に描かれるものも同じ形状である。敦煌文献にもしばしば見え、古詩にも樽に関する描写は少なくない。「金樽美酒」とはロマンあふれる美しい生活を写し出したものである。敦煌の樽は木製、陶器製、磁器製のものが主流であった。

嘉峪関魏晋墓の磚画にも酒の入った樽の図像が少なくない。図49は二人の人物が向かい合って食事をする場面である。中央に机が一つ置かれ、その上には柄の曲がった杓が入った樽が見える。

⦿杯

杯は什物《じゅうぶつ》交接暦には記載がないが、当時の敦煌に杯が存在しなかったということではない。敦煌の文学作品中には酒杯に関する描写がしばしば見られる。劉長卿《りゅうちょうけい》の作とされる『酒賦《しゅふ》』には瓔木《えいぼく》杯、犀角《さいかく》杯、蓮花杯、珊瑚勺《さんごしゃく》、金叵羅《きんはら》、甕、樽、瑪瑙盞《めのうせん》、銀盞、壺觴《こしょう》といった当時流行し

［図50］
楡林窟第二五窟　酒杯

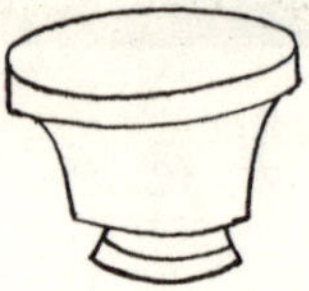

［図51］
莫高窟第一一六窟　酒杯

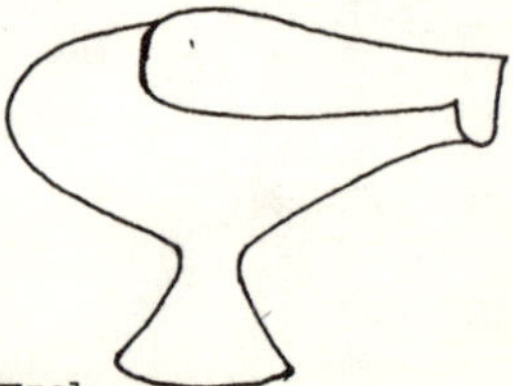

［図52］
莫高窟第一四窟　酒杯

ていた酒杯や酒器の名称が並んでいる。P.3270『児郎偉《じろうい》』にはまた「嫁は炊事場を駆け回り、盤にお飾りで食べられない食品を盛る。金杯、銀碗を一通り揃え、酒甕は甘い泉に似る」とある。

敦煌仏爺廟湾西晋墓、敦煌祁家湾西晋十六国墓からは大量の陶器製の双耳《そうじ》杯《はい》が出土しており、敦煌では早くから酒杯の生産が行われていたことがわかる。文献中に記載がないのは、敦煌では「杯」以外の名称が用いられていたためであると考えられる。この問題については後ほど改めて取り上げることとしたい。

敦煌社会経済文書中にも酒杯に関する記載はない。しかし楡林窟第二五窟婚宴図［↓図50］など、壁画中に描かれる酒器は少なくない。

莫高窟盛唐第一一六窟婚宴図にも客人の器に酒を注いで勧める様子が見える［↓図51］。

莫高窟第一四窟主室南壁に見える酒杯［↓図52］などからは敦煌で流行していた酒器の形状を知ることができる。

⦿罍子

敦煌文献中には酒杯に関する記述は見られないものの、「罍子《るいし》」という奇妙な名称が記されている。また「摞子」「落子」とも表記されることもあることから、「罍」は〝luo〟と読むべきなのであろう。しばしば碗や碟子とともに列挙され、それらと同じ数だけ用意されるが、「枚」と数えられていることなどから判断

［図53］
敦煌祁家湾西晋墓出土
叵羅

して、酒杯の一種であると思われる。

「罜」はもともと当時西域の少数民族が用いていた酒杯に対する呼称であり、唐代の詩に反映されるように当時は「叵羅《はら》」と呼ばれていた。敦煌では音が短縮されて一つの音になり、その音に「罜」あるいはほかの文字が当てられた結果、古くから存在した酒杯に対する呼称が失われたと考えられる。

「叵羅」は外来語で、碗に似るがそれよりもかなり浅い酒器に対する名称であった。形状が碗に似ていたために「叵羅」という語はしだいに使われなくなり、後の時代には「碗」と呼ばれることが多くなる。前項で引用した『兒郎偉』中の「銀碗」は本来「叵羅」と呼ばれるべきものであったと考えられる。叵羅を使って酒を飲む習慣は現在でも一部地域に残されているが、それが「叵羅」であるとの認識はない。筆者が貴州《きしゆう》省遵義《そんぎ》の学会に参加した際、ある村の宿泊施設で酒を飲むために用意された器は底が黒く縁が褐色の浅い碗であった。これこそ古代の「叵羅」に由来するものにちがいない。また、日本の戦国時代を舞台とする映画やテレビドラマの中でも、貴族が酒を飲むために用いるのは一種の非常に浅い碗であった。これは中国から伝えられた伝統的な風俗習慣ではないかと推測する。

敦煌祁家湾十六国時代の墳墓から出土した一種の浅い碗は「盅《ちゆう》」と同様に、口径一〇～一一センチ、高さ二・七～三・七センチしかなく、ご飯を盛るには小さすぎるため、発掘記録には「碟子」と書かれている。これが碟子であるとすると、おかずが盛られていたことになるが、小さすぎる。筆者は、これこそが「叵羅」ではないかと考えている［↓図53］。

⊙盞

盞《せん》は茶器あるいは酒器の一種で、敦煌では主に酒器を意味した。敦煌の盞はまた「盤盞」とも呼ばれ、玉盞と銀盞の二種類が存在し、いずれも高級品であった。婚礼の際、さかずきを酌み交わすためのヒョウタンがない場合は「連盞」と呼ばれる二つの盞で代用してもよいとされていた。

⊙注子

『唐語林《とうごりん》』巻八によれば、注子《ちゅうし》とは「形は罌《おう》に似ているが、蓋、注ぎ口、把手がある。太和《たいわ》九年（四八五）以後、中貴人《ちゅうきじん》がその名が鄭注に反しているといったため、把手を外してひもで結ぶことになった。茗瓶《めいびん》に似るが少し異なるところがあるので「偏提《へんてい》」と名付けられた。使い勝手がよかったが、把手の重みでよく傾いていた」という。注子は一種の酒や水を入れるための容器であったが、主に酒を注ぐときに使われ、持ち手と注ぎ口があり、こぼれにくい構造になっていた。現在の徳利と似ているが、一回りほど大きく、銅製のものがよく使われた。これもまた壁画に見ることができる。例えば、図82（一三四頁）は壁画の下書きであるが、画面中央奥に見えるのが注子である。

⊙勺子

勺子《しゃくし》は一種の酒器で、主に酒を汲んだり、量ったりするために使われた。解放前の河西地方での使われ方を参考に考えると、この種の酒や油を汲むための「勺子」というのは、今でいうところの「提子《ティーズ》（ひしゃく形をした計器）」のことを指している可能性が高い。それは筒状の容器に柄が一本取り付けられたもので、油や酒が汲みやすいようになっている。敦煌ではこのような道具は主に木材を加工して作られていたため、その名称には木偏を伴うことが多い。酒屋では「勺子」で酒の量を量っていた。敦煌の一勺はおおよそ一升である。

⊙卮

卮《し》もまた酒器の一種である。

P.3547「沙州上都進奏院上本使状」には唐の中央政府から賞賜された器物の名称が記されているが、軍将に与えられた物品の中に「銀屈卮《くつし》各一枚」とある。Дx.06031「沙州上都進奏院上本使状」にもまた唐の中央政府から沙州の使節団員に賞賜された物品の名称が記され、同じく「銀屈卮各一枚」と見える。「屈卮」とは口に沿って曲がりくねったさかずきの一種である。宋・孟元老《もうげんろう》『東京夢華録《とうけいむかろく》』巻九「宰執親王宗室百官入内上寿」に「宴会に使われる酒の盞はいずれも湾曲しており、おかずを盛る碗のようで、把手があり、殿上には純金製のものが、殿下には純銀製のものが用意された」(孟元老等著『東京夢華録・夢粱録・都城紀勝・西湖老人繁勝録・武林旧事』、中国商業出版社、一九八二年三月出版)、宋・陶穀《とうこく》『清異録《しんいろく》』「器具」には「不落とは酒器である。湾曲したかたちで、屈卮や鑿落《さくらく》と同種のものである」(宋・陶穀『清異録』、叢書集成本、中華書局、一九九一年出版)とある。「不落」とは「叵羅」の音が変化したものであり、「屈卮」は、口に沿って湾曲したものであることを除けば、「叵羅」とほぼ同じ形状であったということがわかる。

⊙榼

P.3547「沙州上都進奏院上本使状」の尚書からの「答信物（贈り物に答える手紙）」に「銀榼《こう》一具」とある。「榼」は扁平な壺のようなかたちをした一種の酒器である。宋・徐兢《じょきょう》『宣和《せんわ》奉使《ほうし》高麗図経《こうらいずきょう》』巻三〇「器皿一」には「酒榼とは、持ち歩き可能な器である」（宋・徐兢『宣和奉使高麗図経』、叢書集成初編本、中華書局、一九八五年出版）と記される。『伍子胥変文』にも「榼」に関する記録があり、「その魚人は美酒一榼、魚肉五斤、薄餅一〇枚を手に入れ、ご飯一罐を携え、船のところまでやってきたが、蘆中の士の姿は見えず、ただ岸に誰も乗っていない船が見えるだけであった」と描写される。

⊙瓶

先にも取り上げたが、瓶《へい》は酒を入れる容器でもあり、酒を飲むためのうつわでもある。『燕子賦《えんしふ》』には「径欲漫胡瓶」という一文が見え、その形状が中原の瓶と異なるために胡瓶と呼ばれていたと考えられるが、これもまた一種の酒器である。

S.4571vbにはお悔やみとして贈られた物品が記されるが、その中にも「瓶」が含まれている。「金銭財物ラクダにのせた荷駄ひと箱、酒一瓶。大徳さまのご厚情を賜っておりましたが、遠く訃報を受け、悲しみ悼んでおりましたところ、慰問のお手紙と弔儀の品をお送りいただきました。悲しみは益々増すばかりですが、格別のご厚情を賜わり厚く御礼申し上げます。お気持ち大変ありがたく頂戴いたします。謹んでお礼申し上げます。三月　日随使宅案孔母官孫海状」。

ここに挙げた数種の酒器には、入れる、注ぐ、温める、飲むといった用途のものがあり、文献に見える限りでは飲むためのうつわ「罝子」、すなわち「叵羅」の使用頻度が一番高いようである。敦煌のような国際都市では、異民族の風俗習慣の影響も至るところに垣間見られる。

6. 案墩鋪設——食堂とその設備

ここまでに取り上げた調理道具、飲食器以外にも、より便利に早く快適に優雅に食事をとるために欠かせない道具がある。料理を並べるための道具、より楽な姿勢で食事をとるための道具、食事をする場所などである。言い方を変えれば、食卓や腰かけ、それが設置される場所である。これらもまた飲食文化の特徴を呈しうる。

今日では、食事専用の部屋、机、椅子があるのが普通である。ではむかしはどうであったのだろうか。どこで食事をし、どこに料理を並べ、どこに座っていたのだろう。知っているようで知らない、詳しく調べてみるとなかなか面白いことがわかってくるのである。

古代の食事の方法と場所について、まずは今でも残っている「筵席《えんせき》」という語から見てみることにしよう。

上古、今日のような快適な椅子はまだ存在せず、家具はとても簡素なものであった。盛大な食事会は、ワラや葦《あし》で編んだ筵《むしろ》の上で執り行われた。のちに厳粛な食事会を「筵席」、あるいは単に「筵」もしくは「席」と呼ぶようになる。ここから派生した語彙には「入席」「酒筵」「酒席」などがある。長期に渡り使用されるうちに「筵」は「宴」とも表記されるようになる。「宴会」の語は現代のわれわれにもなじみ深いものである。現存する資料や出土品から知られる限りであるが、むかしは現在のような「擺開《はいかい》八仙桌、招待十六方（八仙桌〔正方形のテーブル〕を並べ、四方八方からいろんな客を招待する）」といった習慣はなく、一人ずつ「案（食台）」が用意されていた。この案は、後世の食卓の起源である。出土品や副葬品から見ると、案は低く小さなもので、円型のものもあれば四角いものもあり、当時の座り方に合わせて作られたものにちがいない。

遅くとも南北朝時代以前には、今日のように複数人で囲むことのできる大きな食卓は存在せず、厳粛な格式高い食事会の際でも一人一案であった。

漢代ころから、生産力の向上と調理技術の進歩による料理の種類・品数の増加、胡床（異民族風の台）の導入、座り方の変化などにより、食事の方法にも変化が現れ始める。

料理の種類の多様化に応じて、元々座ったり寝たりするためのものであった寝台に料理が並べられるようになり、同時に新しい座具が登場し、座り方や料理を並べるための道具にも変化が現れる。寝台が転用されることにより、一人分ずつ用意されていた食事が大皿を複数人で取り分けて食べる形式に変わる。これは寝台が大きな食卓となりえたことと、新しい形の座具が出現したことと関係している。

こういった変化は急激に現れたものではなく、長い時間をかけて複雑な過程を経ながら変化したものである。さらに詳しく考察してみる必要があるが、ここでは敦煌壁画に見える食事風景の中にこういった変化の痕跡が残されていることを指摘するにとどめておきたい。

まずは「案」から順に見ていくこととしよう。

唐五代期の敦煌の壁画にはすでに案は描かれなくなり、料理は多くの場合、長方形の家具の上に置かれている。これは文献資料では「食床」と記される。

[図54] 莫高窟第四六八窟　食床

[図55] 楡林窟第二五窟　婚宴図

[図56] 莫高窟第一五九窟　食床

食床は飲食器や料理を並べ、食事をするための家具である。

現代中国語で「床」といえば寝台のことであるが、古代において「床」は、広く座具、寝具を指すもので、料理を並べ食事をするための用具は「食床」と呼ばれた。壁画には「榻床《とうしょう》」と呼ばれた寝具から「食床」への変化が現れている。

壁画に描かれる食床は大きく三種に分類される。(1)早期の様式をほぼそのまま備えたもの。天板は低く大きい。畳摺《たたみずり》(脚の接地面を結ぶようにまわした枠)のある床脚を持つ。莫高窟第四六八窟北壁西側に見える料理を並べた食床[↓図54]、楡林窟第二五窟婚宴図に見える食床[↓図55]、莫高窟第一五九窟西龕《せいがん》斎僧図に見える食床[↓図56]がその例である。(2)当時の文机とよく似た様式のもの。長方形で比較的天板が高く、椅座に適している。支えとなる脚は伝統的な畳摺を持つものもあれば、新しく現れた四足脚のものもある。壁画の婚宴図によく見えるのがこのタイプの食床である。(3)壁画には描かれないが文献中に記される「方食床」。後世、オンドルの上に置かれる低い机がこれに当たり、家庭では小さなものが食事用に使われる。S.2607v「年代不明(一〇世紀)某寺交割常住什物点検暦」には「方食床壱」、P.3478「年代不明福嵒《ふくがん》奉献捨施支分疏」には「方食床一張」とある。

以上が図像や文字として残された早期の食台の形式についての記録である。

続いて家具と座具について見てみよう。

［図57］嘉峪関魏晋墓磚画　跪座して食事する様子

［図58］嘉峪関魏晋墓磚画　下男が主人のために酒を汲む様子

早い時期は、食事のとき地面に直に座り、跪座《きざ》していた。その様子は魏晋期の墳墓の磚画にははっきりと描かれている［→図57］。

図57は嘉峪関魏晋墓磚画に見える宴飲図で、二人の人物が跪座する様子が描かれる。二人の間には円卓があり、酒と柄の曲がった杓が置かれている。下女は手にさかずきを載せた小さな盤子を持っており、主人に差し出そうとしている。

［図59］
莫高窟第一一三窟　婚宴図

［図60］
莫高窟第四七四窟　婚宴図

図58は数人が集まって宴会をしている場面である。四人の人物が向かい合って地面に座っている。中央には食卓があり、酒樽と柄の曲がった杓が置かれている。一人の下男が主人のために酒を汲んでいる。

唐五代期になると、食床の高さが高くなり、それに合わせて高く広い座具が現れる。座法も椅座が増え、食事のときはほとんど椅子に座るようになる。椅座は、跪座のように血液の循環が悪くなり脚がしびれるということもなく、食事をとるにも都合がよかったため、飲食時の座法としてしだいに礼儀にかなうものとして認められるようになった。壁画には椅座が現れたあとも跪座で食事をする姿が描かれており、伝統的な跪座が完全に消滅したのではないことがわかる。

図59は莫高窟第一一三窟の婚宴図である。描かれる人物は銘々好きなように座っており、椅座のものもいれば、跪座のものもいる。

図60は莫高窟第四七四窟の婚宴図である。右の女性客は跪座している。座具には一種の大きな座床が使われている。のちの時代の長椅子の原型で、寝台から変化して生まれたものである。
P.3350「呪願新女婿文」には次のようなユーモアあふれる句によって、新生活へのあこがれが詠まれている。

しもべが二人駆け回り、
庭には蔵が二つ並び立つ。
一方からは金銀が、
もう一方からはムギ・アワがあふれだす。
漢人のしもべは蔵の管理、
胡人のしもべは牛・羊の番。
下女は鞍をたすけ明りをともし、
下男は畑で力仕事。
孝行ものは炙ったニワトリを運び、
食いしん坊は酢を注いでショウガの準備。

端正な顔立ちのものは箜篌《こうこう》を奏で酒を注ぎ、
醜いものは酥や酪漿《らくしょう》（いずれも乳製品）のおかわりを用意する。
腰の細い美人は歌を歌い舞を舞い、
背の低いものはたいまつを手に食床を照らしている。

家庭内で各人の特技・能力に応じて仕事が分担されていた様子が描かれ、当時の敦煌の豪族の暮らしの一側面を反映している。そのうち下女の仕事は、明りをともすこと、食事を運び、主人の食事を世話することであった。

「食単」と「食氍毯《くたん》」もまた敦煌の人びとが食事をとる際に欠かすことのできないものであった。「食単」「食氍毯」などの名称は寺院文書に見え、「食単」は僧侶への食器の配布記録にも見える。トルファン文書中にも「五色食単」の文字が見え、岑参「玉門関与蓋将軍歌」をはじめとして唐代の詩にもしばしば詠まれる。「食単」と「食氍毯」は同じものではない。「食氍毯」は地面に敷く絨毯で、「食単」は僧侶の前、あるいは食卓の上に食べ物を並べるために敷く織物である。

「食単」や「食氍毯」を敷く習慣は非常に早くから存在し、地面に直に座って食事をしていたことと密接な関係がある。その後、むしろはより高級な織物にかたちを変えつつ、古い習慣を伝えている。漢代の楽府の中に当時の接客儀礼を描写する詩歌があり、その中に「待客北堂上、坐客氈氍毹《せんくゆ》（客を北堂にもてなし、絨毯に座らせる）」の二句が見える。当時、丁重に接待するときは、客人の席には豪華な絨毯「氍毹《くゆ》」を敷いていた。氍毹は貴重な織物で、敦煌文書中では「氍毯」と表記される。

［図61］莫高窟第三三窟　婚宴図

壁画を見てみると、「食単」は地面だけでなく、大きな食卓の上にも敷かれることがあったようである。莫高窟第四七四窟、莫高窟第一四八窟、莫高窟第一一六窟に描かれる婚宴図では、食床には食単が敷かれ、腰布（テーブルスカート）も取り付けられている。

図61は莫高窟第三三窟の婚宴図である。中央には客が並んで座り、食床には縁に沿ってテーブルスカートが取り付けられ、天板には食単が敷かれている。

［図62］S.0259v　婚宴図

図62はS.0259vに見える婚宴図の下絵である。男女客人が鼓型の腰かけに座り、食床の両側に並んで座っている。この食床にもまた天板には食単が敷かれ、テーブルスカートが取り付けられている。高脚の盤の中には蒸餅や饊子といった食べ物がいっぱいに盛られている。

『伍子胥変文』には漁師が伍子胥に食事を運んできたときの様

子について「そこに敷物を敷いて、二人はともに食事をした」との描写があり、当時格式ばった食事の場面では敷物を敷かねばならず、またそうすることで客人を丁重にもてなす気持ちを示していた。

三

餢《ほう》飳《とう》餺《はく》飥《たく》

奇妙な食物の名称

敦煌《とんこう》の飲食文化を理解するには、まず食物の名称を把握することが必要不可欠である。食物の名称というのは、単なる呼び名に留まらず、往々にしてその食品の特徴や性質を反映するものである。敦煌文書中には、一〇〇〇年以上も前に敦煌で食されていた何十種もの食品の名称が記録されている。その中には、早口言葉のようなもの、摩訶不思議なものも存在し、現代の我々には難解なものとなってしまっているが、間違いなくその食品の原料、製法を表しているはずなのである。

文献中に最もよく見られるのは「餅《へい》」である。

「餅」と聞けばすぐに小麦粉で作られた平べったい形状の食べ物が頭に浮かぶであろう。焼いたものもあれば揚げたものもある。種々様々な材料や方法で作られる餅が一体何種類存在するのか、だれもはっきりと答えることなどできまい。餅は今日に至るまで中国人の主食の一つである。

しかし、現在我々の思い浮かべる「餅」は一〇〇〇年前の敦煌の「餅」とはやや異なる。

「餅」の最も古い記録は『墨子《ぼくし》』の中に見えるが、大量に出現するのは漢代に西域への交易路が開通してからである。餅の由来については、研究者の間でも意見が分かれており、外来語であるとする説、その製法、つまり小麦粉を并《あわ》せる意味から来ているという説などが存在する。この問題はさておき、今ここで言っておきたいのは、「餅」が出現した漢代から唐代までの数百年間に、その意味が大きく変化したということである。もともとは小麦粉から作られる食品の総称で、現在一般的に「麺」と呼ぶものも「餅」と呼ばれていた。後に汁を伴って供される食品には新しく別の名称が与えられ、「餅」の指す範囲に変化が生じることとなる。現代の我々が「餅」と呼ぶものはどのようなものか、厳格に定義するならば、各種原材料を碾《ひ》いて粉末状にし、それを加工成形して、焼く、炙《あぶ》る、揚げることにより作られる平たい円盤状の食物であるといえよう。各地で作られる餅の技術や製法、名称はそれぞれ異なるものの、いずれもおおよそこの定義に当てはまるものである。

このような定義をもとに唐五代以前の餅と比較すると、以下のような相違点が認められる。まずは原料である。唐五代以前は、小麦粉を原料とするものに限って餅と呼んでいた。粟粉、豆粉や米粉から作られるものに対しても餅という名称が用いられるのは後のことである。次に、製法の違いである。焼く、炙る、揚げるといった調理方法だけでなく、茹でたり蒸したりして作られる食品も餅と呼ばれていた。最後は、常に「餅」という名称で呼ばれる食品の範囲が変化していた点である。先にも述べた通り、小麦粉を原料とする食品は全て餅と呼ばれていた時期もあれば、餅の種類の増加に伴い古い名称が次第に新しい名称に取って代わられた場合などもあり、餅という概念は拡大縮小を繰り返しながら現在に至っている。

この点を明らかにした上で、次に唐五代期の敦煌の餅について見ていくことにしたい。

当時の敦煌には、蒸餅《じょうへい》、餤餅《だんへい》、餼餅《きへい》、胡餅《こへい》、油胡餅《ゆこへい》、索餅《さくへい》、餄餅《こうへい》(䭊餅《こうへい》)、環餅《かんへい》、白餅《はくへい》、渣餅《さへい》、焼餅《しょうへい》、䭔餅《たいへい》、梧桐餅《ごとうへい》、菜餅《さいへい》、水餅《すいへい》、䬰餅《しょうへい》、薄餅《はくへい》、䭆餅《せつへい》、煎餅《せんへい》、湯餅《とうへい》、籠餅《ろうへい》、餅餤《へいだん》、餅䭕《へいだん》、竜虎蛇餅《りゆうこじやへい》などの種類があったが、大部分は今日まで伝わっていない。ただ、餅そのものが消えたというのではなく、名称が残っていないというだけで、新しい別の名称とともに現在でも食べられているものも少なくない。

⊙蒸餅

敦煌では、蒸餅は比較的高級な食べ物とされていた。精製された粉から作られるもので、神仏への供え物として、あるいは高貴な客人を迎えるために用いられ、ひとつひとつが大きく、現在中国西部地域で食べられている饅頭《マントウ》(饃饃《モーモー》)と同じものである。この名称は比較的理解しやすい。

⊙餪餅

餪《だん》という漢字は〝nuǎn〟と発音し、現代中国語で「餪房《ヌアンファン》(=暖房。結婚の前日に親戚友人が新居に集まりにぎやかにする風俗)」というときの「餪」と同じ文字である。敦煌の餪餅もまた高級な食べ物の一つで、餪餅を一つ作るためには多量の小麦粉を必要としたことからも大きな餅であったことが予想できる。しかし、現在のところその製法は明らかになっておらず、今後の研究が待たれる。

⊙餼餅

餼《き》の文字は〝xì〟と読む。この名称は時折他の史料にも現れ、敦煌では高級な食品であったことが知られるが、その製法、形状などについては詳らかでない。

⊙胡餅

これは敦煌で最もよく食べられた餅である。一個当たり半升(約九五グラム)の小麦粉を使う規格ものが一番多く出回っていた。これは市場化原理のもとで主食の種類と大きさが習慣としてしだいに定まって一般化した結果である。

胡餅《こへい》がほかの食べ物と異なるのは、これは中原の特徴を備えた名称であり、漢人の命名方法によって外来の食べ物に与えられた名称であるという点である。文字通り、胡人(異民族)の製法によってつくられた餅のことである。研究者の間では、胡餅の製法は西域および中央アジア一帯から中原に伝えられたものだと認識されている。早く漢代には中原に伝わっており、胡餅を食べることが皇宮内で流行したこともある。

胡餅は、中国に取り入れられた西域の飲食文化の中で最も成功した例である。胡餅のように、外来の食物でその製法が迅速に全国に普及し、一〇〇〇年以上も食べられ続けている例はほとんどない。全国各地に胡餅の面影を残す食べ物が残されているだけでなく、漢代から宋・元に到るまで、その名称に変化は現れなかった。胡餅から派生したほかの食品が現れたあとも、胡餅の名称は消えることなく伝えられた。明代の文献中にも時折「胡餅」が登場する。

敦煌のような東西文化交通の要衝の地において、胡餅はその普及率、飲食市場に占める割合から考えても、その地位・役割が他の食品に取って代わられるようなことは考えられないのである。

⦿油胡餅

油胡餅《ゆこへい》とは、製造途中で小麦粉の中に少量の油を加えた胡餅のことである。こうすることで、栄養価が上がるだけでなく、風味もよくなり、食感がふっくらやわらかくなる効果も得られる。

⦿索餅

宋代、索餅《さくへい》とは「湯餅《とうへい》」であると考えられていた。湯餅とは、水でゆでた小麦粉製品のことである。実際には湯餅というのは一つの概念に過ぎず、特定の種類の餅を指していうのではない。索餅は湯餅の一種で、今日の長寿麺（麺のように長く生きるようにとの意が込められる）に似たものである。むかしは索餅で誕生日を祝っていたことがそれを証明している。

⊙湯餅

P.2319『雑抄《ざつしょう》』「この月の三伏《さんぷく》（夏のあいだ三回庚《かのえ》にあたる日をいう）とは何を言うのですか。その日には湯餅を食べて、瘴気を払い、悪疾を取り除くことをいうのです」。魏晋朝の飲食観念と正反対である。晋・束《そく》晳《せき》「餅賦《へいふ》」には寒さが厳しい冬には湯麺が一番であると詠まれる。「冬の寒さが厳しい明け方には、鼻水が凍り、吐く息が白くなる。寒さを防ぐには湯餅が一番である」。もしこれが飲食に対する考え方の変化でないとすると、唐代の湯餅の製法は魏晋と異なっていたということになる。

⊙餄餅（䭈餅）

「餄《こう》」は今日多くの地域で〝hé〟と発音され、「餄饠《ホールオ》」「餄子《ホーズ》」といった中国西部の有名な麺食品の名称に用いられる。餄（コウ）と䭈（コウ）は古代の発音が近かったために、通用する。敦煌文書に見える「䭈餅」も「餄餅」のことで、筆者は外来語ではないかと考えている。ところで、餄餅（䭈餅）とはどのようなものなのだろうか。その製法はおそらく現在とほとんど違いはなく、具を入れて揚げたものであったようである。

⊙環餅

饊子《さんし》の一種である。蘇軾《そしょく》の詩にも「美人のほっそりした手で玉のようになめらかな生地をこねて均等にし、碧くつやつやした油で淡い黄金色に焼き上げる。夜間腕輪を着けた佳人は春の眠りから醒めやらぬよう」と詠まれていて、具体的に環餅《かんへい》の説明がなされている。

⊙白餅

現在の河西方言では「白」と「薄」は同音である。古代でも母音はやや異なるが、頭子音は同じ発音であった。敦煌文献には「白餅《はくへい》」だけでなく「薄餅《はくへい》」という名称も見える。おそらくは表記が異なるだけで、同じ食べ物を指しているのではないかと考えられる。しかしながら、具体的な製法や必要な小麦粉の量については記載がなく、どのようなものであったか明らかではない。

⊙渣餅

渣餅《さへい》は油かすと小麦粉を材料として焼いて加工される餅である。この名称が敦煌文献に現れるのは二回だけである。このような食べ方は現在もう残っていないが、食糧が十分になかった時代、農民が餅を作る時に油かすを加えることは珍しくなかった。

⊙焼餅

焼餅《しょうへい》の名称は純粋な中国語であるが、その製法は外来のものである。慧琳《えりん》『一切経音義《いっさいきょうおんぎ》』巻九に「胡食とは、すなわち饆饠《ひつら》、焼餅、胡餅、搭納《とうのう》などをいうのである」と焼餅の名前も挙がっている。

⦿䭔餅

䭔《たい》は現代中国語で〝duī〟と読む。䭔餅はまた「䭔子」とも呼ばれ、当時非常に流行した食べ物のひとつである。資料中には䭔子と関係のある故事が多く残される。唐の名臣・馬周《ばしゅう》が立身出世する前、䭔子を売る店の女主人にみそめられた。この女主人は当時人相占いで名を馳せていた袁天綱《えんてんこう》、李淳風《りじゅんふう》に、高貴の相を持っており見込みがあると言われたことがあった。その後、占い通り夫は身分が高くなり、「夫人」に封じられたという。

『太平広記《たいへいこうき》』巻二二四は次のように記録する。

唐の馬周、字は賓王《ひんのう》。幼くして両親を亡くし、貧しかった。『詩経《しきょう》』とその注釈に明るく、その人となりはおおらかでこせこせせず、財産の管理が苦手で生活は苦しく、同郷の人にも重んじられず失意のうちに過ごしていた。博州《はくしゅう》の助教に補任されてからも、毎日酒を飲んでいたため、刺史の達《しき》が大いに怒って度々厳しく叱責した。周は憤激して曹州《そしゅう》と汴州《べんしゅう》の境まで遊歴したが、酒を飲んだ折に県令・崔賢《さいけん》の怒りに触れ、責められた上に辱めを受けた。馬周は西に向かい新豊《しんほう》に到着したとき、宿屋に泊ろうとしたが、主人は行商人しか相手にしておらず、周のことを相手にせず取り合わなかった。周は酒一斗を注文し、一人で飲むことにした。飲み終わったあと靴を脱ぎ、残った酒で脚を洗った。主人はひそかにこれを見ており驚いた。周はみやこに着くと、䭔を売る女主人の店に泊まることにした。数日が過ぎ、彼はどこか居候できる場所がないか探し始めたところ、女主人が中郎将常何《じょうか》の家に推薦してくれた。この女主人が䭔を売っていたときに、李淳風、袁天綱がそれを偶然見かけ、いぶかしがった。このような高貴なご婦人がどうしてこのようなところにいらっしゃるのかと、みなひそかに話していた。馬周は彼女を妻として娶り、……数年のうちに宰相に昇りつめ、この女主人は夫人となったのである。

見たところ、䭔子は当時全国各地で流行し、䭔子を売る女主人の身分も低くはなかったようである。䭔子は、具入りの円形の揚げ物で、表面には胡麻やアワなどがまぶされていた。土地ごとにその呼び名は異なり、河西地方では「糖油糕《タンヨウガオ》」「糰子《トワンズ》」などと呼ばれている。敦煌では斎会《さいえ》（僧尼らを集め斎食《さいじき》を供する法《ほう》会《え》）が行われるとき、僧侶らは䭔子のような精巧で美しい食品を口にすることができた。

◉梧桐餅

梧桐餅《ごとうへい》は敦煌に特有の食べ物であり、天然ソーダが可塑剤として使われた最も古い例でもある。梧桐は胡桐とも呼ばれ、コヨウをいう。コヨウから分泌されるアルカリ性の物質は、俗に「梧桐涙」と呼ばれていた。梧桐餅はこの「梧桐涙」を希釈して小麦粉と合わせ、焼き上げた餅である。敦煌文書によれば、一年の終わりの駆儺《くだ》行事では梧桐餅を作らねばならなかった。今では敦煌周辺にコヨウは見られない。一九四九年前後、酒泉《しゅせん》の多くの地域の農民の間では、コヨウから採れるアルカリを使って餅を焼く習慣がまだ残っていた。

◉菜餅

菜餅《さいへい》は、その名称が文書の中に見えるが、その原料や製法については知られていない。用いられる小麦粉の量がそれほど多くないことから考えて、蔬菜《そさい》を具として包んだ包子《パオズ》であったと思われる。この名称は「菜（蔬菜）」を原料とすることにちなんで付けられたものと考えられる。

⊙水餅

水餅《すいへい》についてもその製法に関する記述は残されていない。河西《かせい》には「水餅」と呼ばれる食物がいくつかあるが、これらが古代の水餅と同じものであるか否か、論証するに足るだけの新しい資料が必要である。現時点で言うことができるのは、水餅というこの名称は中国的なものだということである。

⊙䬾餅

時に「沙餅《さへい》」とも表記される。文書には似た名称として「䬾餅《しょうへい》」（䬾あるいは焼から派生した誤字ではないかと推測される）というものも見えるが、両者が同じものであるのか判断できない。その原材料や製法も明らかでない。もしかしたら、我々に馴染み深い「焼餅《シャオビン》」のことであるかも知れない。

⊙䭯餅

最も風変わりな名称である。「䭯《せつ》」は〝xiè〟と読み、往往にして捻頭《ねんとう》など饊子類の食品とともに供される。敦煌文献以外の資料にも散見され、もとは「蠍餅《かつへい》」の異表記であった。蠍餅とは、揚げて作られる饊子の一種で、そのかたちが蠍（サソリ）に似ていることからこの名称が付けられた。早くは後漢・劉熙《りゅうき》『釈名《しゃくみょう》』に見える。

⊙煎餅

煎餅《せんぺい》の名称は、その調理方法から付けられた。餅の種類が増え続ける中で考えられた命名方法である。

⊙籠餅

「籠《ろう》」は「篭」とも表記される。実際には「蒸籠《せいろ》」の「籠」の異体字である。「籠餅」は「蒸餅」と何ら異なる特徴はない。現時点では精確に証明することは難しいが、「籠餅」はせいろで蒸して作られていたことは間違いなく、敦煌文書にもせいろに関する記載が残る。

⊙餅餤、餅饏

「餤《だん》」と「饏《だん》」は同音異字で、いずれも音は〝dàn〟であり、同じ食べ物を指していると考えられる。実際のところ、「饏」は、「[illegible]」の異体字である。「餅餤」は敦煌に特有のものではなく、当時比較的流行っていた高級な食べ物のひとつである。

餅餤といえば、『避暑録話《ひしょろくわ》』に次のような有名な故事も残されている。

唐の御膳では紅綾餅餤《こうりょうへいだん》が重んじられていた。昭宗《しょうそう》の光化《こうか》年間に出された進士榜（合格者発表の立て看板）には、裴格《はいかく》ら二八人の名が記されており、合格者のために曲江《きょくこう》で宴が設けられた。大官に命じて特別に二八の餅餤が作られ配られた。盧延譲《ろえんじょう》もその中の一人であった。のちに蜀の国で学士となったが、すでに年をとっていたため蜀の人びとには軽んじられた。延譲の詩は素朴かつ平易で、ユーモアたっぷりに次のように詠んでいる。「落ちぶれ歯も欠けているからとバカにするな。紅い綾に包まれた餅餤を食べていたこともあるのだから」。これを聞いた王衍《おうえん》は、膳を用意するときには餅餤を高級な食べ物と見なし紅い絹織物で包むよう命じた。

餅餤が当時流行の食品であったことが読み取れるであろう。紅い綾絹《あやぎぬ》で包まれていたところからみて、焼くか揚げるといった調理方法で作られたもので、もろくさくさくした食感を特徴としていたようである。

⊙龍虎蛇餅

これは動物の形状に似せて、魔除けの意味を込めて作られた特殊な食べ物であったらしいが、その製法については明らかでない。今日でも中国西部の一部地域には、ヘビ、トラ、ウサギ、カエル、鳥、サソリといった生物の形状に似せて食べ物を蒸し上げ、吉祥を祈る習慣が残っている。図67（一〇四頁）には人の形に揚げられた食べ物も見える。筆者はこの人のかたちを見て、小さい頃年越しの時に父親（祖父から料理を習ったことがある）が饊子を揚げる際、小麦粉で人形を作っていたことを思いだした。それを鍋の縁に沿って並べ、「看鍋猴《カングオホウ》（鍋を見るサル）」と呼んでいた。先に食べてしまうと油が飛び跳ねると言って、全部揚げ終わるのを待ち、「看鍋猴」に完全に火が通るまで、私たちにつまみ食いを許さなかったのである。人形の揚げ物は鍋や油の神様を崇める意味を持っているのかもしれない。

続いて、ここからは餅以外の餺飥《はくたく》、䴺䴵《ほうとう》、饆饠《ひつら》、蒸胡食《じょうこしょく》、餛飩《こんとん》、麨《しょう》、飯《はん》、水麺《すいめん》、饊枝《さんし》、冷淘《れいとう》、油麺《ゆめん》、灌腸麺《かんちょうめん》、小食子《しょうしょくし》、飣餖《ていとう》、餜食《かしょく》、小飯《しょうはん》、粥《しゅく》、餣頭《ねんとう》、糕糜《こうび》(床)、羹《かん》、菜模子《さいもし》、煮菜麺《しゃさいめん》、粽子《そうし》、須麺《すめん》、糌粑《さんは》、臛《かく》、饅頭《まんとう》、黍臛《しょかく》といった奇妙な名前を持つ食べ物についてみていくことにしよう。

◉餺飥

「不托《ふたく》」「飦飥《はくたく》」などさまざまな表記法が存在し、敦煌文書だけでも「勃飥《ぼったく》」「餑飥《はったく》」「没飥《ぼったく》」「浮飥《ふたく》」「麱麩《はくたく》」といった文字が当てられている。

中原で一〇〇〇年以上も食べ続けられ、非常に普及した食べ物のひとつであるが、その方法や名称については長年に渡り学界を混乱させている。以前文字通りの解釈が試みられ、この食品のもとは加工時に手で「托」していたものが、のちに刀が使われるようになり、手で「托」さなくなった(「不托」)ことからこの名が付けられたという説が提示された。しかしこの説は根拠のないものとしてすでに退けられている。また、「餺飥《はくたく》」という文字の読みについて詳しく分析した者はほとんどいない。

各種資料から、餺飥は一種の汁麺で、現在中国西部で広く食されている揪麺片《ジウミエンピエン》(小麦粉を柔らかくこねて薄くのばし、二～三センチ幅に切ったものをちぎりながら鍋に入れ、煮て作る)に近いものではないかと考えられる。

餺飥と発音の近い食品に「餢飳《ほうとう／ふと》」と呼ばれるものがあり、"bù tǒu"という少し変わった音で読まれる。これは小麦粉を発酵させ油で揚げて作られる一種の餅である。餢飳は、餺餑《はくほう》、餑餘《ほうとう》、餑飳《ほうとう》、麰麩《ほうとう》などの文字が当てられることもあり、外来語であったことが知られている。

◉饆饠

これもまた外来語である。敦煌だけでなく当時長安などでもよく食べられた食品である。宋以降、饆《ひつ》饠《ら》という名称はしだいに姿を消し、これがどのような食べ物であったのか詳しく知るすべがない。饆饠の原料、加工方法については、長く学界の議論するところであったが、近年「饆饠はさまざまな具や餡《あん》の入った食べ物で、形状は比較的大きかった」というのが共通の見解となりつつある。

◉蒸胡食

この名称は敦煌文献中にのみ見られ、一つ当たり一升八合もの小麦粉を必要とする。饆饠の別称であった可能性もある。

◉餛飩

現在でも中国各地で非常によく食べられている。ただその呼び名は、よく知られる広東の「雲呑《ワンタン》」をはじめとして、「餶飿《こつとつ》」「渾飩《こんとん》」「鶻突《こつとつ》」（方以智《ほういち》『通雅《つうが》』では「餛飩……近年は鶻突と呼ばれる」と解説される）「抄手」など地域により少しずつ異なっている。この中で「抄手」のみが中国化した名称で、ほかはすべて外来語の発音をうつしたものであり、同じ音をそれぞれ地域の漢字音に合わせて異なる文字が当てられたにすぎない。文献からは、敦煌では冬至に餛飩《こんとん》を食べる習慣があったことが知られる。

⊙炒麺

敦煌で日常的に食べられていた食品である。当時は麨《しょう》と書かれていたが、麨は中国で最も古くからある食品の一つである。携帯・保存に便利なため、早くから軍隊の食糧として用いられており、文献中にも記載がある。筆者はこれを「最古のインスタント食品」と呼んだこともある。炒麺《しょうめん》は現在でも一部地域で食べられている。

麨は種類が多く、加工方法もそれぞれ異なる。よく食べられるのは、原料をよく炒めてからうすで挽いて作られるものと、原料を粉にしてから炒められるものの二種類である。まだ加工技術が十分に発達していなかったころは、きめの粗いものしかできなかったが、加工器具が改良され、技術も進歩するにしたがって、良質できめ細かくなり、中に加えられるものも増えていった。文書からは麨が日常生活において重要な位置を占めていたことが読み取れ、帰義軍のトップへの進物リストにも挙げられている。

⊙飯

日常的に食べられていたものの一つである。ここでいう「飯《はん》」は現在の「飯」とはやや異なる概念である。敦煌の「飯」には少なくとも二種類存在した。一つは「麦飯《ばくはん》」と呼ばれるものである。古くから存在した食べ方で、穀物の外皮を取り除いたあと、穀粒をゆでたり蒸したりしたものである。沙州の倉庫の台帳にも見え、軍の食糧として用いられたものと考えられる。もう一つは「飯」を原料とした粉で、コメではない。この種の「飯」は敦煌で長期に渡って食べられていた記録がある。

敦煌文献の中に『俗務《ぞくむ》要名林《ようめいりん》』という識字書が残されている。その中で「黍臛《しょかく》」という食べ物が取り上げられ、「黏米飯也（キビ飯である）」との解説が附されている。キビは敦煌でも生産されており、黍臛も敦煌でよく食べられた食品のひとつであったに違いない。

［図64］
莫高窟第六一窟
参拝者が捧げ持つ蒸餅

［図65］
莫高窟第二三六窟
供養図に見える蒸餅

◉水麺

スープをともなった麺類をいうのだろう。

◉饊枝

［図63］莫高窟第一五九窟　斎僧図

饊子《サンズ》（こねて発酵させた小麦粉を延ばしてひも状にしたものをぐるぐる巻きにして油で揚げた食べ物）のことである。現在でも食べられている代表的な麺製品の一つである。

敦煌壁画中にもたくさんの餅が描かれる［↓図63］。図63は莫高窟第一五九窟に見える斎僧図である。大きな台の上に四種の餅が並べられる。右上に見えるものが饊子、右下が餢飳、左下が蒸餅、左上が胡餅であろう。

楡林窟《ゆりんくつ》第二五窟の婚宴図で盤に高く積み上げられているのは蒸餅である［↓図29 五五頁］。このほか、莫高窟第六一窟に描かれる五台山《ごだいさん》図で参拝者が供えている食物もまた蒸餅のようである［↓図64］。図65は莫高窟第二三六窟の供養図に見える蒸餅である。図66は莫高窟第一五四窟供養斎僧図に見える蒸餅、饊子、炒麺等の食物である［↓図66］。

冷淘

伝世文献中にも多くの記録が残されている。現在は「涼麺《リアンミエン》」と呼ばれており、夏に好まれる食品である。敦煌文献にはある寺院の僧侶が、一〇月と正月にそれぞれ四斗の小麦粉を支出し、冷淘を作らせたことが記されている。

油麺

文献中によく現れる。その加工方法は「煮油麺(油麺をゆでる)」という表現されるが、実際にはこれは油餅の調理を言っている。油麺とはつまり油で揚げた油餅のことである。おそらくは、ある種の油餅に対する個別の呼び方なのであろう。

[図66]
莫高窟第一五四窟
斎僧図に見える食物

灌腸麺

敦煌が本場の名物食品である。敦煌は農業地帯と牧畜地帯の境界に位置しているため畜産経営の伝統もあり、吐蕃《とばん》の統治によってもたらされた飲食習慣からも非常に大きな影響を受けている。灌腸麺《かんちょうめん》がしばしば現れるのもこういった事情と関わっている。

筆者は史料を読み解くうち、ある興味深い現象に気がついた。灌腸麺を作るときに使われる小麦粉の量は毎回三升であるということである。史料の一つには「羊一頭分の腸に麺三升を使った」と記されている。ここから察するに、一頭の羊の腸に詰めることのできる小麦粉の量はおおよそ三升であったのだろう。灌腸の作り方はどの地域でも大差はない。現在の甘粛《かんしゅく》・青海《せいかい》一帯のチベット族の灌腸には二種類ある。ひとつは血腸《けっちょう》で、羊の腸をきれいに洗ったあと裏返し、ヒツジの脂や血を調味料と混ぜ合わせたものを腸に詰め、蒸す・ゆでるなどの調理をほどこしたものである。もうひとつは麺腸《めんちょう》、つまりヒツジの脂と麺粉をヒツジの大腸に詰めて蒸したものである。敦煌で当時食べられていた灌腸麺の原料は麺粉を使った麺腸であったと判断できる。なお、河西一帯の漢族が食べるのは肉腸《にくちょう》（肉の腸詰）が主である。

［図67］
トルファン出土各種食物

⦿小食子

文献中に見える一種の食べ物である。ある特定の食品を指すのではなく、さまざまな種類の餅を「飣《てい》餖盒《とうごう》」と呼ばれる盤に盛り合わせたものをいい、のちに「点心」と呼ばれるものに相当する。トルファンからはいろいろな麺粉製品が出土しているが、その中で小ぶりのものが小食子《しょうしょくし》に該当する［→図67］。

⦿餜食

餜食《かしょく》に関しては、それを作るために必要な麺粉の分量など具体的な記述は見られず、「餜食両盤子」「餜食四盤子」というように数量が示されている。ここから推測するに、餜食は小食子の別称であろう。

餜食はまた「果子《かし》」とも呼ばれ、間食として茶を飲むときなどに添えられることが多い。このような習慣はその名称とともに日本にも伝えられた。日本では今でも茶を出すときに「菓子」が用意される。

⦿小飯

これも敦煌で食べられたもののひとつであるが、文献中に現れるのは一度のみで、詳しいことは明らかではない。河西回廊の張掖《ちょうえき》では「小飯《シアオファン》」という食品があり、麺を指先ほどの大きさにさいの目切りにし、ゆであがったところへひき肉や野菜を入れたものである。もしかしたらこれこそが古代の「小飯《しょうはん》」であったのだろうか。

⦿粥

粥《しゅく》については、麺粥、白粥、豆粥、麦粥、漿水粥《しょうすい》など種類が多くやや複雑である。豆粥は葬儀の席に出されるのが一般的で、これは古くからの伝統である。多くの場合、粥の原料は麺粉である。粥は、唐代その文字にちなんで「双弓米《そうきゅうまい》（二つの弓に米）」と称されることもあったが、それは一般的に粥がコメで作るものと考えられていたからでもある。ただし、資料に記されるのは、西周のころからコメ以外の原料をもとに作られるものも粥と呼ばれるようになり、豆粥や麦粥といったものが存在した。小麦粉などを使ったのり状の食品も粥と称され、寺院の僧侶らの間で広く食されていた。唐五代になって、粥に対する認識に大きな変化が現れたということを示している。

⊙䭃頭

䭃《ねん》は〃niǎn〃と読む。これは「捻《ねん》」の異体字である。これもまた現在饊子と呼ばれるものの一種で、延ばしてひも状にした小麦粉の両端をつなげて作られる。このタイプの饊子は現在でも河西地方の農家でよく作られている。図67はトルファンから出土した食品であるが、右上の比較的大きなものが䭃頭である。

⊙糕床

床《び》の発音は〃mēi〃であり、「糜《び》」の俗字である。キビを原料とし、蒸して作られる食品である。現在は俗に「糜麺饃饃《ミーミエンモーモー》」あるいは「発糕《ファーガオ》」と呼ばれており、その製法は昔も今もほとんど変わらない。

⊙羹

伝世資料に記される羹《かん》は一種のスープであったが、敦煌のそれは材料に小麦粉が含まれており、麺の入った汁物であったと思われる。敦煌の僧侶らがよく食べていた。

敦煌には別に「菜模子《さいもし》」と呼ばれる食べ物があり、それに使われる小麦粉の量はそれほど多くはない。野菜を具とした包子《パオズ》の一種であり、官営の法会で僧侶に提供される食事に見える。

⊙煮菜麺

これに関する資料は一点だけで、その形状がどのようなものであるか、スープとともに供されたものなのかどうか、判断しがたい。

◉粽子

粽子《そうし》(ちまき)は敦煌で端午の節句に食べられた。

◉須麺

乾麺のことである。乾麺の登場は、即席食品を高い水準にまで推し進めた。敦煌の乾麺は、今知られる中で最も早い時期のもので、これもまた敦煌が食品製造技術や即席食品加工に対して与えた大きな貢献の一つであるといえるであろう。

◉糌粑

これはチベット族の食品である。吐蕃が敦煌を統治していたときにもたらされた飲食文化の痕跡である。漢文資料に「糌粑《さんは》」の文字は見えないが、チベット語資料中には糌粑に関する記述が残されている。

◉臛

専門家の間で論争のある食品のひとつである。論争の焦点となっているのは、当時敦煌の寺院で食べられた臛《かく》に肉が含まれていたか否かである。肉の有無にかかわらず、臛は僧侶に非常に好まれた副食であったのは事実で、僧侶が多く集まる大きな規模の行事では餢飳などの主食と共にしばしば提供されている。

◉饅頭

今でもよく食べられる、馴染み深い食品である。しかし饅頭《まんとう》にも変化と発展の歴史がある。「饅頭」という名称は、非常に広く用いられていた。諸葛亮《しょかつりょう》は南征の際、その地の少数民族を大量に殺害した。帰路、暗澹たる状況の中、無実の罪で死んだ人びとの亡霊が行く手に立ちはだかった。諸葛亮が現地の住民に尋ねると、生きた人の首をもって祭祀を執り行うほかにそこを通る方法はないと告げられた。諸葛亮は考えた。すでに少なからざる人を殺しており、残った人にも塗炭の苦しみをなめさせているのに、祭祀のためにこれ以上人を殺めることなどできるはずがない、と。そこで、小麦粉をこねて牛肉や羊肉を包んだものを人の首の代わりに供物とし、霊魂を祭った。すると、同様の効果がもたらされ、そこを通ることが出来た。小麦粉をこねて、瞞《だま》して頭に作ったことから、「瞞頭」と呼ばれ、後に「饅頭」の文字が当てられるようになった。このような不思議な話は『三国演義《さんごくえんぎ》』にも収められているが、後世都合のいいようにこじつけられたもので、事実とは一致しない。

◉黍臛

この名称は伝世資料だけでなく敦煌文献中の『諸雑字《しょざつじ》』にも見える。P.2609『俗務要名林』によれば、これはもち米あるいはキビ（もちアワ）を炊いたもので、つまりは今日河西地方の一部地域に残る伝統的な「黄米饊飯《ホワンミーサンファン》」のことである。

ここまでに挙げた食べ物の大部分は敦煌の寺院や帰義軍衙内《がない》支破暦に記されるものである。ほかに識字教科書にも食べ物の名前が見え、これについてもすでに紹介しているが、いくつかもう少し説明を加えておこう。S.5671『諸雑字』、P.2578『開蒙要訓《かいもうようくん》』、S.617・P.2609『俗務要名林』などの資料を取り上げたい。

まずS.5671には、油、餻《よう》、䭀餾《ほうとう》、餺餅《しょうへい》、䭕餅《せつへい》、餘頭《ねんとう》、饊𩞾《さんし》、餬餅《こへい》、餪餅《だんへい》、䴺麫《ほうとう》、饇頭《かくとう》、煮菜《しゃさい》、餺飥《はくたく》といった食べ物が見える。

P.2578『開蒙要訓』に出て来るのは、漿《しょう》、酪《らく》、飯《はん》、羹《かん》、臛《かく》、粥《しゅく》、糜《び》、葅《そ》、虀《せい》、脯《ほ》、餅《へい》、肉《にく》、菜《さい》、糕《こう》、䭔《たい》、粔籹《きょじょ》、䭀餾《ほうとう》、餈粯《しはん》、饆饠《ひつら》、餦《ろう》、䭕《せつ》、糟《そう》、飥《はく》、饊《さん》、餛飩《こんとん》、餡《あん》等の食品である。

S.617『俗務要名林』には、蘇《そ》、酪《らく》、蜜《みつ》、油《ゆ》、餅《へい》、飡《さん》、𪎊《よう》、羹《かん》、臛《かく》、糜《び》、粥《しゅく》、餻糜《こうび》、黍臛《しょかく》、餛飩《こんとん》、餄餅《こうへい》、脂䭔《したい》、籠餅《ろうへい》、饆饠《ひつら》、餢飳《ほうとう》、膏餻《こうよう》、餹《とう》、餳《とう》、饊《さん》、粰𥻨《ふりゅう》、𪌉𪍿《れんろう》、䭡餅《かんへい》、膏䭡《こうかん》、粔籹《きょじょ》、砂棊《さご》、餹䭔《とうたい》、饐《い》、粽《そう》、粯《はん》、粉《ふん》、麨《しょう》、豆䬴《とううつ》、餅餤《へいたん》(餤《だん》)、䬴《うつ》、糂《じん》、醬《しょう》、酢《さく》、塩《えん》、豉《し》、葅《しょ》が収録される。

このうち、『俗務要名林』中の調味料(醬、酢、塩、豉、葅)を除けば、いずれもそのまま口にできる飲食物であり、大多数は他の敦煌社会経済文書にも現れるものである。一部ここにしか見えない名称もあるが、一体どのような食品であったのだろうか。簡単に説明を加えておこう。

⊙䭀餾

とりたてて目新しいものではなく、すでに紹介した「餢飳」のことである。「䭀餾《ほうとう》」とも表記される。敦煌では餢飳を作るとき、酥油(バター)を加えることが多く、そのため餢《ほう》の代わりに䭀の字を用いる。

◉餗

“yè”と読み、『俗務要名林』中の「膏餗《こうよう》」に当たる。これについては同じく『俗務要名林』に「餢飳之別名、下音葉（餢飳の別名で、下の文字の音は葉である）」との説明がある。

◉饠頭

饠《かく》は『字彙』に「黒格切。音郝、羹饠《かんかく》（黒と格の切。音は郝〔カク〕と同じで、羹饠のことである）」とあり、発音は“huò”である。前出（一〇七頁）の臛と同じものである。

◉粔籹

“jù nǚ”と読む。これは起源の非常に古い語で、屈原《くつげん》「離騒《りそう》」にも「粔籹《きょじょ》蜜餌、有餦餭《ちょうこう》些（粔籹とは蜜を使ったお菓子である、餦餭もいくらかある）」と詠まれ、南宋の林洪《りんこう》『山家清供《さんかせいきょう》』では「粔籹とは蜜と粉でつくった菓子でやや滑らかなものである」と述べられる。油で揚げた食品の一種で、今の饊子《サンズ》とほとんど変わらない。ただその原料には米粉が用いられる。

◉餈料

餈《し》は“cí”と読む。『説文解字《せつもんかいじ》』には「稲餅也（稲餅である）」とあり、劉熙『釈名』では「餈、漬也。蒸燥屑使相潤漬餅之也（餈とは液体に浸すことである。乾燥した粉末を蒸してしっとり水分を含ませた餅のことである）」と解釈される料《はん》の発音は“bǎn”である。これもまた米粉で作られる餅である。

⊙饚

『広韻《こういん》』でいうところの「饚餅《ろうへい》」に当たり、「籠餅」の通俗的な書き方であり、籠餅、蒸餅と同じものである。

⊙飥《はく》

餺飥《はくたく》の別表記である。

⊙飡《さん》

〝sūn〟と読む。

⊙爗《よう》

発音は〝yè〟、意味は食品を煮ることである。

⊙餹《とう》、餳《とう》

飴をいう。

⊙粰《ふ》粇《りゆう》

『博雅《はくが》』に「饊也（饊のことである）」とあり、饊子《さんし》の別称であることがわかる。〝fúliú〟と読む。

⊙𪍿𪎊

『玉篇《ぎょくへん》』に「餅也（餅である）」と、『類篇《るいへん》』に「𪍿𪎊《れんろう》、寒具（𪍿𪎊とは寒具である）」と説明がある。発音は〝liǎnlóu〟。𪍿𪎊もまた饊子の別称である。

⊙糫餅《かんへい》、膏糫《こうかん》

これらもまた饊子の別称である。

⊙砂棊《さご》

史料には記載が見られない。『俗務要名林』では「食部」に挙げられており、何らかの食べ物であるに間違いない。

⊙䊦

『斉民要術《さいみんようじゅつ》』に「䊦《い》とは、コウリャンやコメの粉末をふるいにかけ、水と蜜でこれを溶き、堅めの湯餅麺ほどにする。手でこねて、長さ一尺（一尺＝約三〇センチメートル）、幅二寸（一寸＝一〇分の一尺）ほどにする。四つに分けて、ナツメやクリを上下にまんべんなくまぶし、油を塗った笹竹の葉で包みやわらかく蒸し上げる。二つ一組でお供えし、両端を切り取って縛っていたヒモを取り除く」と見える。

⊙豆[飠宛]

[飠宛]《うつ》については、『玉篇』に「餚《こう》也。飴《い》和豆也（料理である。飴と豆を混ぜたものである）」とあるが、今のところそれがどのような食べ物であったか明らかではない。

⊙糂《じん》

「糝《さん》」の別表記である。『説文解字』では「以米和羹也、一曰粒也（コメの粉を挽いたものを使った羹である。また米粒のことをいう）」と解釈されている。

以上、敦煌文献に見える食べ物の種類を大まかに見てきたが、その過程でいくつか気づいた点を整理しておきたい。まず一つめは、敦煌の食べ物の種類は決して内地に劣らず、バラエティーに富んでいることである。字書類に見えるものを除いても、文書中に見られる食べ物の種類は相当な数にのぼる。唐五代期、敦煌の人口は二〜四万で、今日の農村の人口にすら及ばないにもかかわらず、これだけの飲食物を享受していたというのは驚くべきことである。しかもこれは寺院や帰義軍衙内の文書に記載されるものだけで、庶民の食卓に日々供されていた食品を含んでいない。これほど食べ物が豊富であったのは、敦煌の地理的条件と深く関係している。また敦煌は国際的な大都市であり、各地の商人らの出入りが絶えず、飲食文化交流の中継点となっていた。

次に、外来の食品の多さである。ここまでにすでに紹介した中にも、外来語あるいはその音訳によって名づけられた食品が数多く残されていた。食品が国外から中国にもたらされたのち、漢民族文化圏ではまずその発音にしたがって既存の漢字が当てられ、さらに「食」や「麦」といった部首を加えることでその性質が表された。こうして元の発音をとどめるだけでなく、同時に中国的な特徴も帯びる名称となった。敦煌の食べ物の多くが一風変わった名称で呼ばれるのはこうした事情とも関わっている。その後、時間の経過とともに原料や加工方法、その形状や特徴、伝来場所などにちなんだ中国式の新しい名称が現れ、完全に中国化していくのである。例えば、「餢飳」は音訳であるが「胥餘」は中国化した名称である。「饆饠」は音訳で、「蒸胡餅」というのは中国的である。このような例は枚挙に遑《いとま》がない。一方で、伝来当初に付けられた名前が現在でも使われているものも存在するが、その来歴を知らぬまま、字面だけを見て無理にこじつけた解釈が試みられる。「餛飩」「饅頭」がその典型で、すでに述べた通りである。

第三に、敦煌文書に見える多くの名称については、ちょうど変化の途中段階にあったという点である。「餅」は粉から作られる食品の総称でありながら、ここから新しい名称が多く派生した。例えば、「湯餅」「索餅」「蒸餅」のように「～餅」という名称があいかわらず用いられる一方で、「水麺」などの新たな名称が発生し、昔の名前が変化しつつあった。これは粉から作られる食品の数が次々に増え続けた結果である。

最後にもう一点、焼餅、饅頭、饊子などは、当時の名称がそのまま現在でも使われている。一方で、影もかたちもなく消え去ってしまった名称もある。しかし、それはその製法に大きな変化が起こったり、製法そのものがとだえてしまったからではなく、ただ名称が新しいものに取って代わられたにすぎず、河西地域、ひいては中国西部地方で現在食べられている食べ物の中にその面影を見ることが可能である。変化の過程で新しい種類のものが増えた結果、その名称が用いられる範囲が広くなり過ぎることがあった。今日の各種拉麺《ラーミエン》（手で細長く引き伸ばす方法で作る麺、手延べ麺）や手擀長麺《ショウガンチャンミエン》（麺棒で伸ばして作る長い切り麺）は、当時の索餅が起源である。当時の敦煌にも饊子によく似た食品が何種も存在したが、現在では類似の食品はすべてまとめて饊子と呼んでいる。また索餅、湯餅、水麵、餺飥、餢飳、冷淘のように、名称に変化の生じたものがあるが、こういったことからも食品名称の変遷過程が垣間見える。

もし河西地域に行くことがあれば、その土地のユニークな小喫《シアオチー》をぜひお試しいただきたい。一〇〇〇年前の敦煌の食品に思いを馳せながら味わえば、興味はつきないであろう。

四

対座会食

敦煌の宴席

宴会は飲食活動の中でも最も高級な形式である。精巧で美しく緻密に仕上げられた料理が並ぶという点においてもそうであるが、人間関係を円滑にする手段としても重要である。宴会が果たす役割は単に栄養素を摂取するという目的を超えて、舌で味わい目で楽しむといった要素が加わり、また複数の参加者がともに食事をとることで、共同体としての意識を高めるという意味も持つ。敦煌《とんこう》は商業都市であり、また地方政権の中心地であったため、かなり多くの料理屋が存在し、そこで開かれた宴会の様子が壁画の中に残されている。これは敦煌の宴会の状景だけでなく、当時の河西回廊および中国各地の宴会の一般的な状況を知らしめる貴重な資料である。

1. 宴会の場所

敦煌の壁画には四〇余りの歓宴図が見え、その内容は大まかに三つに分類できる。すなわち婚礼の宴会、貴族・士大夫階層の宴会、官府衙《が》内《ない》での宴会の三種で、婚礼の宴会が最も多い。婚礼の宴会はすべて特別に設けられた「帳設《ちょうせつ》」というとばりの中で行われている。このように婚礼の宴会をとばりの中で行うという習慣は漢から魏の頃には中原でも見られるが、もともとは遊牧民族から漢族に広まったものである。『世説新語《せせつしんご》』には、曹操《そうそう》が若かったころ侠気を見せようとして、袁紹《えんしょう》とともに青廬《せいろ》（婚礼を行うテント）に潜り込み、花嫁を強奪したことが記録されている。ここから当時結婚する二人のためにとばりを設け、その中で宴会が行われていたことがわかる。後に婚礼以外の目的の宴会もとばりで開かれるようになり、文学作品にも描かれている。例えば柳永《りゅうえい》「雨霖鈴」には「都門帳飲無緒、方留恋処、蘭舟催発（都の城門近くのとばりの中で餞別の酒宴が開かれるが、宴会を楽しむ気分にはならない。離れがたい気持ちなど余所にして、船が出航するとせきたてることば)」と見える。ただ、敦煌壁画中の「帳飲」は主に婚礼の宴会である。

先に挙げたS.0259vに描かれる婚宴図[→図62 八五頁]をご覧いただきたい。これを描いた絵師が帳飲とはどのようなものであるか熟知していたことがうかがえる。

図68は莫高窟《ばっこうくつ》第九窟の婚宴図である。仮設のとばりに食床が置かれ、その上には料理が並べられている。両側に四人ずつ、左は女性、右には男性が座っている。とばりの横に見えるのは青廬である。

[図68] 莫高窟第九窟　婚宴図

[図69] 莫高窟第四四五窟　婚宴図

図69は莫高窟第四四五窟の婚宴図である。ここに見えるとばりは非常に特徴的なもので、盛唐期の絢爛豪華な文化を反映している。母屋の前の庭にはぐるりと囲うように幕をめぐらせ、小さな空間が作り出されている。左側には天幕が設置され、中央には所狭しと料理を並べた食床がひとつ置かれている。食床の両側に四人ずつ腰かけ、それぞれに膳が並べられている。当時の膳はスープや酒を置くためのものであった。とばりの中央では赤い服を着た一人の男性が手脚を動かし舞を舞っている。服装から見て、プ

［図70］莫高窟第一一三窟　婚宴図

［図71］莫高窟第一四八窟　婚宴図

［図72］莫高窟第四七四窟　婚宴図

ロの踊り子ではなく客人であろう。それを観覧する人の姿も描かれている。とばりの後ろ側に見える丸屋根の建物は新郎新婦のための青盧である。

図70は莫高窟第一一三窟の婚宴図である。とばりには食床がひとつあり、その上には料理が並べられている。食床の両側にそれぞれ三人ずつ座っているがすべて男性である。とばりの内側は介添え人と新郎新婦の姿を見ようとやってきた人であふれている。この図で特徴的なのは、食床の上に腰かけて食事をしていることである。これは昔地面に座って食事をしていたときのなごりである。座具や大きく高めの食床が使われるようになってからも、食事の仕方はそのまま変化しなかったようである。

図71は莫高窟第一四八窟の婚宴図である。右側には青盧が設置されている。とばりの中には大きな台

［図73］
楡林窟第二〇窟
婚宴図

が置かれ、その上にテーブルスカートを付けた食床を設置し、料理を並べている。左側に男性、右側に女性が座っている。

図72は莫高窟第四七四窟に見える婚宴図の一部である。テーブルスカートをつけた長方形の食床の上に料理や食器、箸が客の前に一組ずつ並べられている。食床の左側には五人の男性が、右側には五人の女性が座っている。

天幕が小さいために、小さな食床しかおけず、客は片側にかたまって座っているものもある。五代期の楡林窟《ゆりんくつ》第二〇窟の婚宴図がその一例である［↓図73］。

食床に向かって座っているのは三人だけであるが、用意されている料理は四人分である。食床のもう片側には誰も座っていない。

貴族、士大夫や文人たちが酒を飲む場所は、あずまやの中が一般的である。壁画は『維摩詰経《ゆいまきつきょう》』の「入諸酒肆、能立其志（諸《もろもろ》の酒場に入って、その志を立てて忘れず）」という立場から、あずまやでの宴会の様子が多く描かれたものである。このような宴会は唐代非常に流行していた。その場面は文学作品や民間の歴史書にもしばしば登場する。官府、衙門には「曲江亭子」という宴会専用の場所まで設置されていた。送別の際には必ずここで宴会が行われ、そうせねば別れの悲しみを表し切れないとさえ考えられていた。敦煌壁画中にはあずまやでの宴会の様子を描いたものが非常に多く見られる。つまり、敦煌で

［図74］
莫高窟第三六〇窟
歓宴図

［図75］莫高窟第六一窟　歓宴図

もこのようなあずまやが設置されており、中原と同様に、その中で盛んに宴会が開かれていたのである。莫高窟第三六〇窟の歓宴図には、一本の木の下で宴会をしている場面が描かれ、これも「入諸酒肆、能立其志」に基づいた内容である［→図74］。野外では大きな木の下に長方形の食床が置かれ、客らは食床の両側に向かい合って座し、横で歌い踊る人の方を見ている。当時は屋外での宴会が流行していたようである。

最後は官府衙内の広間で開かれる「公的」な宴会である。P.2641には「二三日、大広間で宴会を設ける。于闐《うてん》の使者には特上二八人前を提供し、そのうち三人前には胡餅《こへい》を二つずつ追加する。音声《おんじょう》や作語《さくご》には上二人前と胡餅二八枚を用意する。都頭《ととう》の従者には特上三人前と胡餅二つを提供する。都頭の僕人と接待係には特上二人前と胡餅二つ、灌腸麺《かんちょうめん》三升（一升＝約一九〇グラム）を提供する」とあり、これは役所で于闐からの使者をもてなすための宴会について書いたものである。宴会では音声や作語（共に楽官）が呼ばれ、席上で歌や劇が演じられた。また、酒の席での礼儀作法に詳しい接待係が客人に寄り添った。代表的な作品は、莫高窟第六一窟西壁の宋代の壁画で、太子が耶輪陀羅《ヤショーダラー》を迎える祝賀の宴会が宮殿内で執り行われた際の様子が描かれる［→図75］。建物の両側に各一脚の食床が置かれ、食床の片側にそれぞれ四人ずつ座っている。一人の下僕が食器と料理を運んでおり、客の前には料理が並べられている。真ん中に立つ三人の女性と一人の男性はおそらく演出に来た音声であろう。当時使節などを迎えるために官府内で正式に開かれた宴会はおおよそこのようなものであったと思われる。

帰義軍衙内での宴会の様子については、文字資料の中にもしばしば言及がある。使節の送迎あるいは于闐太子の接待は「南園」「東園」と呼ばれる場所で行われていた。宴会では音声が歌を歌う。「園」とは園《えん》囿《ゆう》をいう。S.2474「さる三月二四日、使節は城南園・城東園に滞在した。道中護送を担当した者らには毎日朝晩麺二斗、胡餅三六枚を提供した。閏三月五日の朝に最後の食事を終えるまで、小の月の末日を除いた一一日の間、二度午後の食事を提供しなかったため、合計は麺三石五斗四升（一石＝一〇斗＝一〇〇升＝約一九キログラム）となる」、S.1366「使節は東園に滞在し、道中護送を担当した者らの朝の食事として麺一斗、昼の食事として胡餅五〇枚を提供し、麺三斗五升を使用した」、P.2641「東園の音声・設看《せつかん》・後座《こうざ》（いずれも楽官）に一級粉七人前、胡餅二つずつを提供する」といった記述が見られる。

「東園」「南園」は、当時の敦煌の中でも奥ゆかしく上品な庭園を持ち、帰義軍の「迎賓館」もここに設置されていたために接待の宴会の多くがこの場所で行われていたものと考えられる。壁画に描かれるように、宴会は屋外、樹木の下で開かれることもあったのだろう。

文字資料に記録される宴会の会場はさまざまである。規模や目的に応じて、料理店のほか、洞窟や門、社、堂、屋外などが選ばれた。

2. 宴会の名称

敦煌文献中には宴会に関する名称が非常に多く見られ、その中には最も早い時期に現れた「筵《えん》」「席」から現在も使われる「宴会」まで、その間に使われてきた名称が編纂史料に見えないものも含めて記録されており、その変化の様子、変遷がよく観察できる。それぞれの名称は規模や性質の異なる宴会を反映するものである。

⦿局席

敦煌の宴会のひとつに、一般に「局席《きょくせき》」あるいは「席」と呼ばれるものがある。「席」は「蓆《せき》」とも表記され、S.527「若要出社之者、個人決杖三棒後、罰醴醎《れいかん》局席一筵（もし社から脱会する者があれば、各人に杖で三回殴打される刑に処し、さらに罰として酒と料理を用意して一席設けよ）」をはじめとして、多くの文献中に記録が残る。「局席」という名称が使われ始めたのは早く、「局」あるいは「席」というのは唐代に流行った言い方である。「局席」は清代に到るまで長く流行していた。清末の小説『海上花列伝《かいじょうかれつでん》』第一八、一九回では宴会をまさに「局」と呼び、複数人が主人を務める場合は「公局」と称する。今日では「局」は宴席を設けて招待することあるいは宴会そのものを指すことばとして用いられ、「飯局」といったことばも存在する。一方、「席」は最初、宴会を行う際に敷かれるむしろ、ござのことを言ったが、後には宴会を代用する語となった。

◉**筵**

「席」と同様に、筵ももとは食事の際に敷くむしろのことをいうが、後に宴会を指すことばとなった。敦煌では正式な食事もまた「筵」と呼ばれ、しばしば社司転帖（社の組織成員間で順にまわして見る連絡紙、社内の回覧紙）に記載が見られる。

◉**設**

もとは「陳設《ちんせつ》」と呼ばれていた。古代祭祀が頻繁に行われていたが、その際には供物が供えられ、食事も用意されたことから、のちに料理や宴席を「設」と呼ぶようになった。

◉**看**

これもまた敦煌の飲食活動のひとつである。「看《かん》」は敦煌において見舞い、ねぎらいのためのもてなしという意味合いを含む。P.3875vでは職人や博士のための「看」に油やアワ、麺粉などを何度か支出したことが記される。そのうち数例を挙げよう。「麺粉一斗、粗挽の麺粉一斗、王僧政の荘園の庭木の剪定を行った博士や衆僧の食事として用いる」「麺粉二斗、二日目に博士の接待に用いる」「麺粉三斗、三日目の朝、博士の接待に用いる」「麺粉二斗、油一合（一合＝一〇〇分の一斗＝約一・九キログラム）、アワ二斗、四日目の夜の博士の接待に用いる」「麺粉四斗、粗挽の麺粉五斗、アワ二斗、油一さじを五日目に一日分として博士の食事に用いる」。これらは寺院で大規模な伐採を行った際、職人や博士を「看」した時の飲食の記録である。P.4906、S.1316などにも「看」する時に支出された材料が記されるが、いずれもねぎらいやもてなしのためである。

これもまた一種の宴会である。編纂史料中にも頻繁に見られる。現在でも、一食分の食事を「一頓」と数えている。

⊙頓

敦煌の「頓」は、何らかの仕事が片付いたあとに行われる飲食活動で、状況に応じて「頓」の前後に修飾語が付き、「迎頓」「頓定」「頓遞《とんてい》」といった語を構成する。例えば、P.3234vi「麺粉□斗、小さな胡餅を作って西窟から戻ってきた者を迎えるための食事として用いる」、P.2040v「麺粉三石五升、尚書を見送るための食事を作るために用いる」、P.2776「麺粉六斗を西窟に行った衆僧の食事として用いる」「麺粉三斗を焼餅を作るために用いる」、P.2032v「麺粉三斗を西窟から来る人を迎えるために小さな胡餅を作るのに用いる」とある。「迎頓」「頓遞」のために支出されている原料から考えて、「頓」は大勢が集まって食事をする活動ではあるが、その内容はほかの宴会と比べてやや簡素なものであったらしい。

⊙小食

「小食《しょうしょく》」という語彙は、非常に古くから存在し、殷代の甲骨文にも見られる。ただ当時は一日二食のうち、午後の食事を指していた。のちに「小食」の性質に変化が現れる。敦煌文献に見える「小食」には二つの意味がある。ひとつは時間を表すもので、朝ごはんをいう。もうひとつは宴会を謙遜していうことばである。P.3745「三月廿八日栄小食納付油麺柴食飯等数」は一回の「小食」についての記録である。その内容から判断して「小食」は決して小さなものではなかった。一六人前後の参加者がおり、各自麺粉二石四斗七合半、油一七升、酥《そ》二升二さじ、草蒔《そうし》半升、酪《らく》三斗を持参している。また、用意される料理に使われる小麦粉の量は各自が準備した数量を超えており、料理の種類も豊富である。当時の敦煌でごちそうと考えられていたものはすべて作られたと言っても過言ではない。「蒸餅《じょうへい》に一碩《せき》（一碩＝一石＝約一九キログラム）、饊枝《さんし》に八斗、大餢飳《ほうとう》および小餢飳二碩五斗、羹飥《かんたく》二碩、蒸餅に麺粉一碩を用いた」のをはじめとして、このほかにも胡餅、餪餅《だんぺい》や点心などが用意されており、官斎や宴会に匹敵する規模である。よって、「小食」というのは謙遜にすぎないのである。

⊙中食

敦煌文献ではS.6233にのみ見られる。「小食」と同様、二つの意味を持つ。ひとつは僧尼の昼食、もうひとつは宴会を謙遜した言い方である。

⊙解火

「解火《かいか》」という語は現在でも河西地方の一部の地域で使われている。もとは過労でのぼせたときに、のぼせを下げる効果のある食品を摂取する必要があることを言った。元来、簡単な飲食活動であったが、敦煌では「解火」とは宴会をいうこともあり、「局席」と並列して用いられた。例えば、P.2049vbには「アワ一碩四斗、酒の醸造に用いる。送蝗虫《こうちゅう》（イナゴの神を祭る儀式）解火局席ならびに徒衆たちに用いる」と見える。よって、敦煌の「解火」は比較的大きなプロジェクトが完成したあとの飲食活動をいい、労働者へのもてなし、謝礼の意味も含んでいた。

◉解労

「解火」とほぼ同義である。

◉耎脚《ぜんきゃく》

また「洗耎《せんぜん》」ともいい、意味するところは現代語の「洗塵《シーチエン》」「接風《ジエフォン》」「圧驚《ヤージン》」と同じで、遠来の客を歓迎したり、労働後や病後の親友を見舞うことである。ただ、やや雅やかに、上品に表現しようとしただけである。

◉醲膩宴席

敦煌社邑文書中には、社内の集団活動に参加しなかった場合や、社の規則に違反したメンバーに対する処罰の中に「醲膩《じょうじ》一筵」「醲膩局席」というものが見える。「醲膩」は文字通りにはコクのある酒と脂ののった肉を意味し、つまり「醲膩局席」というのは比較的豪勢な宴席をいうのであり、宴会の規模を表しているのではない。S.6537vi にも「集落のための義というものは、尊卑に従い、宴会での席次を整え、礼儀作法に則って、酒を飲んでも酔い乱れ、道義に反して暴れるような振る舞いをしてはいけない。規則を守らず、礼儀を欠いて騒ぐことがあれば、程度が甚だしい者には「醲膩一席」を設けさせる、それ程ひどくない者は杖で二三回殴打するという処分をそれぞれ与えるものとする」と見え、「醲膩」が一種の宴会を形容したことばであったことがわかる。

ここまで敦煌文献に見える規模、性格を異にする集団での飲食活動に対する名称について述べてきた。

これらの名称は中原と共通するものもあれば、敦煌独自の特色を示すものもあり、宴会の名称も徐々に変化していたことが明らかとなった。「宴席」「宴会」「飯局」「餪《だん》」など当時の名称がそのまま現在でも使われている例も少なくない。

3. 宴会の席次

『水滸《すいこ》伝《でん》』第七一回には梁山泊《りょうざんぱく》の英雄が席次を決める場面が描かれるが、その席次が梁山泊の首領らのその後の地位を決定することとなる。新入りの首領が現れると、もう一度席の配置をやり直す。例えば、林冲《りんちゅう》が入山しようとしたとき、王倫《おうりん》は自分の実力が彼に及ばないことを恐れて追い出そうとし、林冲を杜《と》遷《せん》、宋万《そうばん》の下に置いた。晁蓋《ちょうがい》等が入山してきた時には、林冲は王倫と仲間割れして争ったのち、呉用《ごよう》はトップの座を林冲に譲ろうとしたが、林冲はかたくなに拒み、四番目の席次についた。古代中国において、席次は社会的地位を体現するものであった。

中国飲食文化においては、宴会の席次に等級の概念や倫理的色彩が最も強く表現される。伝統的観念として深く根をはっており、経済が発展し社会が進歩しても消えることはなかった。現在でも宴会の席次の決定は社会生活を送る上で重要な問題である。どのような場合でも宴会に参加するとなれば、みな意識的であるか否かに関係なく自分が座るべき場所、自分にふさわしい場所を探す。参加者側だけでなく主催者側も同じである。参加者の社会的地位、身分に応じた席に案内するよう気を遣う。上座下座のはっきりしない円卓であったとしても、卓上の装飾に差を設けるなどして列席者の地位を示さんとするのである。

中国では非常に早くから、宴会の席次を食事するものの身分、地位、輩行《はいこう》（一族の同世代男子の年齢順序）、年齢や性別によって決める習慣が存在した。封建社会で倫理道徳や等級関係が強化されるにつれ、席次により社会的地位を明らかにするという習慣も定着していった。時代ごとに席次の決め方は多少異なるものの、原則的に尊卑上下に従って座る位置が決められていた。では、古代の人は具体的にどのように席次を決めていたのであろうか。

上座下座を判断するには、まず方向と位置を知らねばならない。座席のかみ・しもは方向と位置の上下と一致する。

等級や倫理的色彩は、食事の過程にも現れる。嘉峪関《かよくかん》の魏晋墓磚画《せんが》からもぼんやりとではあるが違いを見てとることができる［↓図76］。

［図76］
嘉峪関魏晋墓磚画
家宴図

嘉峪関の魏晋墓磚画七号墓葬には、一幅の家宴図が描かれる。画面上部には一人の男性と二人の女性が見え、男性は食卓の左側に、二人の女性は食卓の右側に相前後して座っている。後ろの女性は男性の妾であるのかもしれない。男は左、女は右という尊卑観念が体現されている。

唐代、複数の人間が食卓の両側に並んで食事をすることを「会食」と呼んでいた。この会食の際には着席する方向と席次が問題となる。

中国には、左を尊／上、右を卑／下とする伝統的観念が存在する。古代、着席の方向や席次はすべてこの観念に基づき定められていたのである。

古い時代では、正式な宴会の席では、一人ずつ食床が用意され、各人が座る位置により尊と卑、主と客の関係が決定されていた。そののち、座具や食床が変化し、食事の形態も一人一机から「列座而食（並んで座り食事する）」へと変化した。宋・元代になると、方卓や円卓を囲んで食事をする「囲座而食」という形式が現れ、しだいに方向や位置よりも席次が尊卑を決定する重要な指標へと変化した。

敦煌壁画の婚宴図や酒場での歓宴図からも、このような変化の過程を読み取ることができる。

敦煌壁画のうち、晩唐の第一二窟、五代の第六一窟、第九八窟、第一〇八窟などには『維摩詰経変』が見え、その中には「入諸酒肆、能立其志」の一節を描いたものがある。宴会が開かれる場所はあずまやのような建物の中で、最も上座に当るのは麈尾《しゅび》を手に持つ維摩詰本人であり、図77に「1」と示した位置がそれである。

［図78］莫高窟第一〇八窟　歓宴図

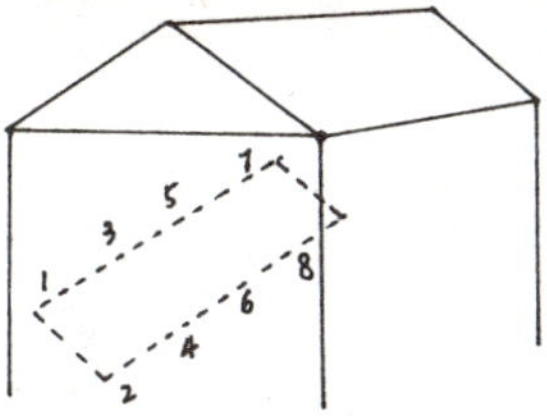

［図77］宴会での席次の見取り図

この当時、左を上座とし、西を尊ぶという尊卑観念が存在したことは明らかだが、現在の席次に対する考え方と異なり、入口から近い方を上座としている。

入口から近い場所を上座とするのは、現在とちょうど逆である。当時は「列坐而食」の形式が主であり、入口に近い方が食事をしながら、歌や舞などの演出を見るのに便利であった。長い座具では、端に座る者だけが自由に身体の方向を変え、演出を見ることができた。それ以外の位置では、まわりの人間が影になって視線が遮られるだけでなく、座る位置や方向を変えることもままならなかった。莫高窟第三六〇窟の歓宴図（唐代）［↓図74　一二三頁］や第一〇八窟の歓宴図（五代）［↓図78　一三一頁］からもご理解いただけるであろう。

図78は莫高窟第一〇八窟に見える歓宴図である。園林の中に建てられたあずまやの中で、まさに宴会が行われているところである。維摩詰を含め八人の客人が食床とほぼ同じ大きさの座具に腰かけて酒を呑んでいる。あずまやの外の樹木の下では、軟角幞頭《ぼくとう》（士大夫らが着用した頭巾）を被った人物が左手に酒杯を高くあげ、舞を舞うかのような格好をしている。また、一人の下僕が料理を運ぶ様子も見える。

莫高窟第一二窟婚宴図［↓図79］など晩唐期の壁画では、一番端に座る人物がしばしば舞を観るために身

［図79］莫高窟第一二窟　婚宴図

［図80］長安南王里村出土　歓宴図（唐代）

［図81］
楡林窟第二〇窟　婚宴図

体の向きを変えている様子が描かれる。西安《せいあん》市長安《ちょうあん》区南里《なんり》村から出土した歓宴図には、入口側に座る二人の人物が身体の向きを変えて観ている様子が見えるが、残りの人物は座り方を工夫しない限り、向きなおることはできない［↓図80］。

次は、料理の提供の仕方である。古い時代は一人一卓、あるいは二人で一卓であったため、料理人や下僕は料理や食器は直接膳にのせて運んでいた。のちに大きな食床が主流となってからも、客は片側にだけ座ることになっていたため、給仕には非常に便利であった。楡林窟第二〇窟南壁に描かれる婚宴図［↓図81］は五代期のものであるが、とばりの中では三人の客人はみな食床の左側に座って食事をとっている（また同時に左側が上座であることも示している）。莫高窟第六一窟西壁の南から数えて一三番目の屏風に描かれる祝賀の宴会では、宮内の「庁（役所）」あるいは「堂（御殿）」と思われる建物の両側にそれぞれ一つずつ食卓が用意されている。みな食卓の一方に片寄って着席しており［↓図75　一二三頁］、古い時代の風習を残している。しかしひとたび一列に並んで座ることになれば、料理の運び方も変えざるを得ず、長方形の食卓の両端から、あるいは客人の後方から提供することとなる。最初の頃は現在とは異なり、一つの食卓を囲みながらもほとんどの料理は一人分ずつ盛りつけられ、料理人あるいは給仕係によって運ばれていた（ただし粥や羹の類に関してはまとめて一つの器に入れられていた）。そのため、莫高窟第一二窟［↓図79］や第六一窟［↓図75　一二三頁］、第九八窟などの歓宴図［↓図93　一五四頁］に見える通り食床の端に座る人物から順に料理が提供されていた。

席次は尊卑関係を反映して決定される。ここでもやはり左を上座として尊者に座らせ、右を下座として卑者が座るという伝統的な観念が守られていた。長方形の食床の場合、両端か

［図83］楡林窟第三八窟　婚宴図

［図82］
P.6983『観音普門品』中に見える
二人が向かい合って酒を酌み交わす場面

ら料理が提供されていたため、列席者の人数を制限せねばならなかった。

長方形や円形の食床が使い始められるころ（この頃には現代中国語と同じく食床は「桌」と呼んでいたと考えられる）には、会食の性質が一変し、現在「津液交流《ジンイエジアオリウ》（体液の循環）」と呼ばれている会食の形式が確立した。つまり、上座下座の区別をできるだけ曖昧にするという観念が広まり、現代型の尊卑観念が定着したのである。一番奥の席が上座であるとされ、同じ食卓を囲む人数も増加（円卓使用時）や固定化（正方形の食卓使用時）が進んだ。

P.6983『観音普門品《かんのんふもんぼん》』巻中の「釈然得解脱、呪詛諸毒薬、所欲害身者、念彼観音力、還着於本人（釈然として解脱を得る。呪詛やもろもろの毒薬で身を害せられたときでも、彼の観音の力を念ずれば、その呪詛や毒の害は逆に加害する本人の身に及ぶこととなるのである）」の一節を描いた挿絵には、円形の食卓に向かい合って座り飲み物を飲む二人の人物の姿が描かれている［↓図82］。

一人一卓から同じ食卓に一列に並んで座る形式へと変化し、同時に食卓を囲む人数にも変動があった。婚宴図では食卓の両側に四人ずつ計八人、多くても五人ずつ一〇人が席に着いている。文献によれば、敦煌で主に用いられていた食卓の大きさは六尺（一尺＝約三〇センチメートル）と八尺の二種類あり、おそらく六尺のものが八人掛け、八尺のものが一〇人掛けであったのだろう。

壁画の歓宴図を見ていくと、ある興味深い現象に気づく。あずまやや酒肆で開かれる宴会には女性の姿が全く描かれていないのである。一方、婚宴図には女性も参加している。ただ新郎新婦がともに漢族である場合は席が男女別に分けられており、どちらか一方が少数民族である場合には合い席している。例えば楡林窟第二五窟婚宴図(中唐)［→図29 五五頁］は吐蕃《とばん》人の婚宴図であり、楡林窟第三八窟に描かれるのは漢族とウイグル族の婚宴図［→図83］である。当時少数民族には男女を区別するという道徳・倫理的観念がなかったことがうかがえる。

4. 宴会のスタイル

ここまで敦煌の宴会で使われた座具、席次、尊卑観念などを取り上げた。次は、宴会のスタイルについて見ていきたい。

中国人の宴会のスタイルは、現在でも西洋のそれとははっきり異なる。中国と西洋の飲食スタイルの違いは盛りつけ方法、つまり大皿に盛り食卓で取りわけるか、あるいは一人分ずつ盛りつけてから給仕するかという点にあるとの指摘もある。近年は、両者の長所と短所、善し悪しについて広く研究が進められている。その結果がどのようなものであれ、ひとつ確かなことは、中国の大皿盛りの料理を取りわけて食べる習慣は昔から存在したものではないということである。

中国でも、古くは料理を一人分ずつ個別に盛りつけていたことが、文献資料だけでなく、漢代画像磚墓、魏晋画像磚墓など壁画墓に残る図像資料からも知られる。当時、宴席では一～二人一卓であり、下僕が料

［図84］嘉峪関魏晋墓磚画　二人の人物が向かい合って食事をする様子

［図85］嘉峪関魏晋墓磚画　一人で座って食事をする様子

［図86］嘉峪関魏晋墓磚画　食事が運ばれる様子

理を運ぶ。食事をする者は地面にじかに座るか、四角い低い台に腰掛けた。少なくとも南北朝まではこのようなスタイルで食事をしていた。そのような様子は、嘉峪関の魏晋墓中の壁画に繰り返し描かれている［→図84］。

図84は、二人の女性が向かい合って正座しているところである。二人の間には食床があり、その上には酒樽が置かれている。二人の下女がうちわを持って脇に控えている。

図85は、段清《だんせい》という名の人物が壺門式の一人掛けの椅子に正座し、手には即席麺を持っている。下僕は彼に焼き上がった串刺し肉をちょうど渡そうとしている。また、円卓の上には一膳の箸がささっている。

料理は全て下僕により運ばれ、次々に手渡されている［→図86］。

唐五代期には、すでに一卓を大勢で囲む形式に変化している。敦煌の壁画に見える歓宴図ではほとんどの場合、向かい合って座り食事を取っている。ただこの時期には円卓を囲んで大皿料理を取り分けるという形式はまだ見られない。料理の種類が増えてはいるが、一人分ずつ盛りつけられている。すでに取り上げた図68・図69（一一九頁）、図70・図71（一二〇頁）などを参照していただきたい。主食は大皿にまとめて盛りつけられ、おかずは個別に配膳されている。当時の敦煌では、現在西洋に見られるような、同じ食卓に向かいながらも、それぞれ個別に給仕されたものを食すという形式がとられていたのである。その習慣は、特に敦煌莫高窟第六一窟の慶事の宴席にはっきりと反映されている。一人の下僕が跪いて客人に料理を供している姿が描かれる［↓図87］。

宋・元以後は、方形や円形の食卓が用いられるようになり、料理の品数も増え、次第に現在のようなスタイルが定着してくる。

宴席に参加する人数が多い場合には、順番に代わる代わる席につく方法がとられた。S.4700+S.4121+S.4643+北図新1450「甲午年（九九四）五月十五日陰家婢子小娘子栄親客目」では、祝いに訪れた客が六〇〇人近くに上ったことが記されている。壁画に描かれるところに基づけば、とばりの中に設置される食卓は一台当たり八～一〇人しか座ることができない。一般家庭では、一時に並べることのできる食卓の数にも限りがある。よって、当時の敦煌では婚礼の宴会の際は、一九五〇年代以前の河西地方の農村と同じく、客が代わる代わる席に着く「流水席」と呼ばれるスタイルで行われていた。先の一組の客をもてなし終わるごとに、予め配置された食卓の両側に着席する客に、下僕や給仕係は料理を盆にのせて運んでいた。

敦煌の壁画には食事を提供する様子が描かれている。楡林窟第二五窟の婚宴図［↓図29　五五頁］では、吐蕃の装

［図88］莫高窟第二五窟　婚宴図

［図87］
莫高窟第六一窟
慶事の宴席で下僕が食事を運ぶ様子

束に身を包んだ女性が盤で料理を運んでいる。また、莫高窟第二五窟には男性が同じように盤で料理を運ぶ姿が見える〔↓図88 一三七頁〕。

壁画からわかるのは、主食となるさまざまな餅類が、まとめて大皿（「高脚盤」、「三足盤」など）に盛りつけられるほか、粥や汁物、その他各種のおかずは個別に碗や小皿に分けて客に出されているということである。

盛大な宴席の場合、客は食事や酒を楽しみながら、歌舞を観賞していた。また客自身が即興で歌や演技を披露することもあった。

宴会での飲酒の状況については、次章で述べたい。

五

敦煌の人と酒

1. 酒は懸流《たき》の若く注ぎて歇《つ》きず——敦煌の酒製品

「飲む」という行為もまた飲食文化で重要な位置を占める。なぜなら、それが生命を維持するために必要な水分を摂取するという目的だけに行われるのであれば、茶、酒といった飲料を求める必要性がないからである。茶や酒などの飲料は贅沢品として人びとの生活の中に取り込まれ、生理的欲求を越えた、文化的意義を持っている。このような観点から「飲む」ことは「食べる」こと以上に文化的な特徴を反映するものなのである。

社会全体に飲酒を勧奨する雰囲気が漂う中、敦煌《とんこう》の人びとの酒好きも勝るとも劣らざるものがあった。敦煌では早くより酒の醸造が行われており、遅くとも漢代には酒は生活の中で重要な役割を果たしていた。漢代の墳墓から出土する酒器がそれを物語っている。敦煌祁家《きか》湾の十六国期の墳墓からは、甕《おう》、樽《そん》、耳杯《じはい》などの酒器が大量に出土している。ここから、この時期には酒が富裕層の贅沢品となっていて、あの世でもそれが享受できるように地下に埋められたと考えられる。

唐五代期になると、経済が発展し、外国との行き来が盛んになったこともあり、敦煌の人びとの酒好きはますます高じていった。統計によると、酒の種類は、白酒、清酒、葡萄酒、粟黍酒、麦酒、醇醪《じゅんろう》（混じり気のない酒）、胡酒、青稞《せいか》酒（ハダカムギから造る酒）、白醪《びゃくろう》（白い濁り酒）、薬酒など十数種にも達した。いくつかの寺院の入破暦（収支を記録した帳簿）をもとに計算してみると、アワの六〇～八五パーセントは酒の醸造、購入に充てられていたことがわかる。さらにハダカムギ、コムギ、キビなどを原料して造られる

郵　便　は　が　き

恐れ入りますが切手をお貼り下さい

101-0051

東京都千代田区
神田神保町1－3

株式会社　東方書店　行

フリガナ		性別		年令
ご氏名		男	女	歳
〒・☎	（〒　　－　　）（☎　　－　　－　　）			
ご住所				
E-mail				
ご職業	1. 会社員　2. 公務員　3. 自営業　4. 自由業（　　） 5. 教員（大学・高校・その他）　6. 学生（学校名　　） 7. 書家・篆刻家　8. 無職　9. その他（　　）			

購入申込書

（書店）	定価 ¥	部
（書店）	定価 ¥	部

※小社刊行図書をご入手いただくために、このハガキをご利用ください。
ご指定書店に送本いたします。書店のご利用が不便の時、お急ぎの時は代金引換え払いでお送りいたします。送料は冊数に関係なく、税込380円（2012年11月現在）です。

お問い合せ先
東方書店業務センター　☎03（3937）0300

ご指定書店名

愛読者カード	このたびは小社の出版物をご購入いただきましてありがとうございます。 今後の出版活動に役立てたいと存じますのでお手数ですが諸項目ご記入の上ご投函いただければ幸いです。お送りいただいたお客様の個人情報につきましては小社の扱い商品の販売促進以外の目的に使用することはございません。

●お買い求めになったタイトル（必ずご記入ください）

●お買い求めの書店（所在地・サイト名）

●本書をお求めになった動機に○印をお願いいたします

1：書店の店頭でみて　2：広告・書評をみて（新聞・雑誌名　　　　　　　　　　）

3：小社の（月刊東方　ホームページ）をみて　4：人にすすめられて

5：インターネットの情報をみて　　6：その他（　　　　　　　　　　　　　　）

●ご希望があれば小社発行の下記雑誌の見本誌をお送りいたします

1：人民中国〔中国発行の月刊日本語総合誌〕

2：東方〔中国出版文化の月刊総合情報誌〕

上記のうち（　1　・　2　）の見本誌を希望

●E-mail での各種情報の送信を　　希望する　・　不要

●本書についてのご意見　いずれかに○をお願いします。

1：価格（　安い　普通　高い　）2：装幀（　良い　可　不可　）

●本書を読まれてのご感想、ご希望、編集者への通信、小社の出版活動についてのご意見などご自由にお書きください

酒類もあわせると相当な量になるだろう。筆者は以前、文献の記載に基づき造り酒屋一軒当りの醸造量を大まかに計算してみたことがある。すると、当時の敦煌の年生産量は三〇〇〇甕余りであり、人口は二万三〇〇〇人を超えてはいなかったので、一年に一人当たり平均一斗三升を消費していたことになる。この数字には寺院が醸造していた酒は含まない。これに葡萄酒など他の種類を加えれば、一人当たり年に消費していた酒は相当な量にのぼる。粟酒三〇〇〇甕に限って計算しても、毎年二一〇〇石ものアワが使われていたことになる（一石＝一〇斗＝一〇〇升＝約六〇リットル）。これもまたかなりの数である。

敦煌で造られる酒は、質も非常に高いレベルであった。

P.3438「沙州官告国信判官将仕郎試大理評事王鼎《おうてい》状」は酒を飲んだ後の礼状である。「わたくし王鼎は取るに足らぬ器でありながら、幸運にも美味しいお酒をいただくことができました。粗末な食事しか知らないわたくしめの胃腸には、このような美酒を享受するだけの冥加もなく、もったいない限りです。お暇してからずっと寝床についたまま、まだ酔いからさめておりません。今、何とか起き上がり、筆を執り誠心誠意お礼のことばを尽くそうとしております。感服の至りにたえません。謹んで感謝の気持ちをお伝えしたいと思います」。

お世辞であるとはいえ、当時敦煌で醸造されていた酒は質が高く、アルコール度数が非常に高かったことがうかがえる。この写本にはもう一通、太保《たいほ》から賜った酒を絶賛する書簡が記されている。

王鼎が申し上げます。先ごろお送りいたしました品々は、心ばかりで大したものではございませんが、お納めください。（日頃あなたさまには）大変お世話になっておりますのに、この度は逆にあなたさまのお蔵から特別に美酒を賜りました。月光の下で玉が耀《かがや》くが如く、やさしい光を室内に放っています。このように白く明るい色をしたお酒は、国家の珍宝に他なりません。遠慮して辞退しご好意を無にすることもできず、また頂戴するのも気が引けますが、あなたさまの思し召し通りに頂戴致したく存じます。謹んで書簡をもって感謝の気持ちをお伝え申し上げます。

ここでは「月光の下で玉が耀くが如く、やさしい光を室内に放っています」といった美辞麗句が並び立てられているが、この酒の色が黄酒のようなものでなかったことは明らかである。当時敦煌で醸造されていた酒は、純度も色も非常に高いレベルに達しており、「瓊漿《けいしょう》（美しい玉のような液体）」と形容されるに相応しいものであったに違いない。それゆえに「国宝」とまで称えられたのだろう。書簡中に見えるように、官庫に保存され太保が官吏に下賜することもあったらしい。

なぜ敦煌にはこれほど多くの種類の酒があったのだろう。なぜこれほど発達した酒の醸造技術を持っていたのであろう。なぜこれほど酒が好まれたのだろう。なぜこれほど大規模に酒が生産され消費されていたのであろう。これは敦煌が東西交通の要所であり、貿易都市として名を馳せていたことと関係している。つまり、各地からの使節や商人らは、酒の醸造技術を伝えただけでなく、敦煌での酒の生産と消費を促し、一定の水準を維持するのに一役買っていたのである。

2. 仏徒「般若湯」を拒まず――敦煌の僧尼による飲酒

仏教の戒律では、出家後は五葷《ごくん》(ネギ、ラッキョウ、ニンニク、アサツキ、ニラ)を断ち、禁酒することが求められる。しかし、酒は人間関係を円滑にする手段として特殊な意味を持ち、飲酒を勧める社会的風潮が存在していたため、俗世とは遠く離れたところで、修行読経に励む僧侶や尼僧も、俗人と同様に折に触れて酒を嗜むことが求められた。社会も僧尼らの飲酒に対して寛容な態度を示し、酒を冗談めかして「般若湯《はんにゃとう》」と呼ぶこともあった(蘇軾《そしょく》『東坡志林《とうばしりん》』「道釈」には「僧は酒を般若湯という」、宋・竇革《とうかく》『酒譜《しゅふ》』「異域九」には「天竺国では酒を酥といったが、今北方の僧侶は般若湯ということが多い。こういったことばは法を犯すのを避けるだけのものであって、仏典に基づくものではない」と見える)。シルクロードのオアシス都市である敦煌では、僧尼の飲酒は一般的に見られる現象なのである。

S.6452c「壬午年(九八二)浄土寺常住庫酒破暦」には「(正月)一九日、酒五升を周僧正と李僧正が店で飲むのに用いた。二〇日、酒一斗を、二人の和尚が店で飲むのに用いた。二五日、酒二斗を僧正、法律(ともに僧官)が店で飲むのに用いた。二六日、酒一角(一角=一五升=約九リットル)を僧正三人と法律二人が店で飲むのに用いた」「(四月)一六日、酒一斗を二人の和尚が店で飲むのに用いた」「二九日、酒一斗を宋僧正が店で飲むのに用いた。五月一日、酒一斗を張僧正、李教授が店で飲むのに用いた」「(一一月)二日、酒一角を楊孔目(官名)と周・李が店で飲むのに用いた。四日、酒一斗を周・李が店で飲むのに用いた」「一二月二日、酒一斗を二人の和尚と羊司(羊の管理を行う者)が店で飲むのに用いた。三日、酒一角を三界寺《さんかいじ》の二人の張僧正と、周和尚、法律が店で飲むのに用いた。五日、酒一斗を二人の和尚と教授らが店で飲むのに用いた」といった記録が残されている。すでに述べたように、敦煌の寺院に納められるアワのほとんどは酒の醸造や購入に充てられ、アワ以外にハダカムギ、コムギ、キビなども酒の醸造に用いられることがあった。寺院には酒の醸造を専門に請け負う「酒戸《しゅこ》」が存在し、寺院に提供する酒だけを扱っていた酒戸は特に「酒供《しゅきょう》」と呼ばれた。寺院内でも不時の必要に備え酒が造られていた。そして、これらの酒は主に寺院で接客や歓送迎会、修築などの肉体労働、祭日や葬儀といった行事の際に振る舞われた。P.2032vに記される、浄土寺《じょうどじ》から酒の醸造用に支出された原料をもとに計算してみると、最初の年の一二月九日から翌々年正月一五日までの計一三ヶ月間に八四回計七七一・四二斗の支出があり、その内訳はアワ七四九・二斗、ムギ二二・二二斗である。当時の酒化率（原材料の総重量に対する精製された酒の比率）が七対六であるので、これらの原料からは六六一斗、つまり一一〇甕ほどの酒が出来ることになる。僧侶の飲酒量は相当なものであり、敦煌地域の酒の消費において主要な役割を担っていたと考えられる。

敦煌の寺院の行事では、外部と接触のある場合はほぼ飲酒を伴っていたようである。僧侶の中には酒肆に赴いてまで酒を飲む者や、音声《おんじょう》（唐五代期の敦煌に存在した音楽をつかさどる人びと）を招いて歌を歌わせる者までいた。僧侶だけでなく尼僧も酒を飲んでいた。S.1519bには、尼闍梨《にじゃり》が食事をする際に酒一角を受け取ったことが記されている。S.6452bには「二三日、酒一甕を阿師子《あしし》が東窟のあたりで飲むのに用いた」とあり、これもまた「阿師子」つまり尼僧が飲んだ酒についての記録である。P.2049vbには傘を縫う仕事を請け負う尼闍梨の酒の購入用にアワ七斗が支出されたことが記録される。このように、尼僧も僧侶と同様、労働の後や祭日に酒を飲むことがあったのである。

飲酒の様式も飲食文化の発展状況を知る手掛かりのひとつである。現存する資料からは都・長安《ちょうあん》で流行した飲酒の様式をうかがうことができるが、よく似た状況は敦煌でも確認される。

3. 蔵鉤《ぞうこう》・拳・歌舞——飲酒の様式

⊙巡酒

敦煌で正式な場所で酒を飲む時は、各自一つずつ「杯《はい》」が用意され、樽や注子《ちゅうし》、瓶子《びんし》、銚子《ちょうし》などに盛られた酒がそれぞれに注がれた。敦煌では燗酒《かんしゅ》が好まれたため、ふるまう前に温められた。甘粛《かんしゅく》の一部地域では現在でも燗酒が好まれているが、この伝統を伝えるものに相違ない。

いわゆる「巡酒」とは、尊卑長幼に従い順繰りに酒を飲むことで、順番が一回りすることを「一巡」という。P.2324「南陁《なんだ》出家縁起」に見える「全員が一二杯ずつ一回り順番に酒を飲んだら、おもむろに管絃を奏でて促した。杯を手に『先輩方に注ぎ終わったら戻ってきますね』と言った君が酒を注いでくれるのを待つ」の一文からは、当時敦煌で流行していた巡酒の方法を見て取ることができる。

巡酒という方法は非常に早くから存在した。『礼記《らいき》』「曲礼上」には「年長者が酒を用いて地を祭るまでは、年少者は飲んではいけない」との規定があり、ここから巡酒へと変化していったものと考えられる。李匡乂《りきょうがい》『資暇集《しかしゅう》』には「元和《げんわ》の初め、酒を注ぐのには樽杓を使っていた。丞相の高公《こうこう》は斟酌《しんしゃく》上手との評判があり、数十人もの人数であったが、一つの樽から杓子一杯ずつ酒を汲むと、(客人らがみな)引き揚げたあとには(ちょうど汲み切って)一滴も残らなかった」と記されており、唐代宴席で酒を飲む時には、樽など

［図89］
嘉峪関魏晋墓磚画
柄の曲がったスプーンの図

の容器に入れた酒を、ひとりが柄杓《ひしゃく》でみなに注いで廻ったことがわかる。

敦煌では、みなで集まって酒を飲む際、客人は食卓の両側に座っていた。これは、巡酒にも都合のよい座席の排列方法であった。

例えば莫高窟《ばっこうくつ》第二五窟に見える婚礼の宴席の場面「→図29・図42 五五頁・六二頁」では、食卓の片側に三脚足の胴部がふくらんだ容器があり、柄杓がひとつ差し入れられている。おそらくこの器は酒樽で、柄杓は主人あるいは下僕が順番に客人に酒を注ぐためのものであり、文献史料とも一致する。よく似た柄杓は嘉峪関《かよくかん》魏晋墓塼画《せんが》にも多く描かれている。そのうちのひとつが図89の歓宴図である。三脚の円形の食卓に酒樽が置かれ、樽の上には柄の湾曲した柄杓が見え、下僕は耳杯をのせた盤を手に持ち、主人に酒を注ごうとしているところである。唐・張鷟《ちょうよく》の伝奇小説『遊仙窟《ゆうせんくつ》』にも巡酒の習慣が反映されている。

觴《さかずき》は兕觥《しこう》や犀角《さいかく》など、深く広きをとりどりに、座中にならべ置いてある。杓は鵝項《がこう》と鴨頭《おうとう》のかたちをしたものが、あふれんばかりの酒の中に浮かんでいる。下女の細辛《さいしん》に酒を酌ませるが、誰も先に飲もうとしない。五嫂《ごそう》がいうには「張郎《ちょうろう》は下賤の客人、先に飲めはいたしますまい。娘子が先に杯をお取りなさいませ」。十娘《じゅうじょう》は横目ににらみながら言った。「少府は初めてここにやって来られたのに、五嫂のあしらいは如何なものか、よくよくなぶることじゃ」。五嫂が「娘子はにらんだりせず、まあお酒をお取り下さい」というが、新婦はますます飲もうとしない。酒が下官《やつがれ》にまでまわってきても、飲み尽くすことはなかった。

ここで興味深いのは唐代の巡酒の順序である。客人である張郎が最初であるべきだが、五嫂が差し出がましく口を挟み、故意に張郎の身分を貶めたため、十娘がやむを得ず先に飲み、最後に張郎という順になっている。

◉蔵鉤

蔵鉤《ぞうこう》は敦煌で広く知られた酒席に興を添える遊びである。敦煌の文学作品の中にも蔵鉤を詠った詩や賦が残されている。詩の作者は敦煌の住人ではないものの、敦煌の人びとの蔵鉤の方法をよく知っていたことを示している。S.2049「蔵駒(鉤)」詩の内容は次の通りである。

年の初め、万物は皆新しきを迎え、
手を携《たずさ》えて高い所に登り早春を遠くながめようという。
三々五々、玉のように美しい腕を連ね、
窓から漏れる歌声が小部屋の塵を動かす。
『菖蒲』の二三曲だけでなく、
蔵鉤で洛人を相手に勝負したらどうだろう。
聞くところによると、(野へ出かけ春を楽しもうとの)誘いを受けたという。
化粧や着飾りにも余念がなく、髪を結い束腰で身を細く縛る。
鏡に向かって眉を柳のように細く整え、

おしろいを塗って紅をさす。
広間の前ではかまをかけようと歩いてみたり、
街に出かけて各々紅襟を集めてくる。
紅襟が集まって座敷に入り終わると、
意気込んで二手にわかれて座る。
いろいろ考えて迷うより場を履んで慣れた方がよい。
今日はウマ一頭を賭けているから、
必ずよく考えてたくさん点数を取らなければ。

S.4474「釈門雑文」では蔵鉤について次のように記される。

公らは名前を二手に寄せて、参加者を組分けした。上下を見て籌《ちゅう》(かずとり)を探し、勝負を賭けて争う。長行(すごろくの一種)を遠くに眺めるが、見えなくなりその跡を追うことができなくなってしまう。遠くの人も近くの人も何とか隠そうとしていて、表情から読み取ろうとするが見抜くのは簡単ではない。鉤《かぎ》を当てようとする人はびくびく震え、鉤を手にしている人は肝がつぶれそうになっている。恐れる気持ちを押しやり、思い切って当ててみる。言葉にしてウマを失うか、笑われてゲームに負けるか、笑いながら命令を出すか、恥ずかしい思いをして区切りをつけるか。続けて九姓をひるがえし、十強を踏みつぶせば(「九姓」「十強」ともにゲームの形勢を形容する。ここでは両者の勝負の行方がまだ見えていない様子を表現している)、「動天崩」(ゲームの中で用いる掛け声)と叫び、声ははるかに海を沸かし、両チームの強弱を決め、宴会の食事を御馳走する。

詩人・岑参が敦煌に立ち寄った際、このような酒席の余興を楽しんだということだけでなく、鉤がどのようなものであったかまで記されている。

敦煌太守才且賢、　敦煌の太守は能力も徳も持ち合わせ、
郡中無事高枕眠。　郡内では何事もなく、みなが枕を高くして眠ることができた。
太守到来山出泉、　太守がお出でになると、山から泉が湧いて出て、
黄砂磧里人種田。　黄砂の中で田を植えている。
敦煌耆旧鬢皓然、　敦煌の老人は鬢も真っ白、
願留太守更五年。　太守があと五年留任されることを望んでいる。
城頭月出星満天、　まちには月が出て星が天に満ち、
曲房置酒張錦筵。　奥の部屋に酒を置き、にしきのむしろを広げる。
美人紅妝色正鮮、　美人は綺麗に着飾り、その姿は実に鮮やか、
側垂高髻挿金鈿。　横髪は高髻《こうけい》を垂れ金のかんざしを挿している。
酔坐蔵鉤紅燭前、　酔って赤い蝋燭の前で蔵鉤で遊ぶも、
不知鉤在若個辺。　鉤がどこにあるのかわからない。

為君手把珊瑚鞭、　君のために手には珊瑚《さんご》の鞭を握り、
射得半段黄金銭、　的中すれば（相手の手中の）半月状の金の鉤を得る。
此中楽事亦已偏。　ここでの楽しみもまた私の方に近づいている。

（『全唐詩』巻一九九「敦煌太守後庭歌」）

ここに見えるのは、蔵鉤は集団で遊ぶもので、「朋」と呼ばれる二つのグループに分かれて座り、相手のグループの「鉤」が誰の手にあるかを当てれば勝ちである。歓呼や応援の声が飛び交い、非常に盛り上がった様子がうかがえる。

今日でも中国西北地方では、酒の席で蔵鉤とよく似た遊びを見かけることがある。それはマッチ棒が偶数か奇数かを当てるもので、参加者は二組に分かれ、片方のグループのひとりがマッチ棒をにぎり、相手に偶数か奇数かを当てさせ、負けた方が酒を飲む。つまり、当たればマッチ棒を持っている方が、ハズレれば当てられなかった方が酒を飲むことになる。この遊びは、蔵鉤に起源を発していると思われる。

◉箸令

敦煌では、当時中原で非常に流行した「籌箸令《ちゅうちょれい》」も酒席の余興として取り入れられていた。P.2555「詠拗《よう》籠《ろう》籌」という詩は、「幸いにも酒宴のお供をさせていただき、ここにはまた良い籌《かずとり》があります。あなたさまにお酒を注ぐのが礼儀であって、賞罰に私心などありません。不当な対応をしているのではないかと疑わないで下さい。『将』（ゲームの札のひとつ）が戻って自分では抑えられないのです。籌はすべてその人の手のう

ちにある。さて引いた籌札には何と書いてあるだろうか（札に誰が何杯飲めるかが指示されている）と、酒席での遊びの象徴的な意味を詠んだもので、唐代の詩人・朱湾《しゆわん》の作品である（『全唐詩』巻三〇六「奉使設宴戯擲籠籌」）。『庶物異名録《しよぶついめいろく》』一三には「拗籠とは籌《かずとり》である。酒席でのゲームのルールである」とあり、「拗籠」を籌として用いた一種の遊びの方法をいう。具体的なやり方は、筒から札を抜きとり、その札に書かれた内容に応じて誰が酒を飲むかを決める。朱湾の作品が敦煌にも残されるのは、敦煌でも「籌令」が流行っていたために違いない。また、先に引用したS.2049「蔵駒（鉤）」にも「籌」に関する描写が見える。P.2613「唐咸通《かんつう》十四年（八七三）正月四日沙州某寺交割常住物等点検暦」巻中には、寺院に保管された籌筒と竹の籌について「漆塗りの籌筒ひとつ。竹の籌二五組」と記録されている。ここから、僧侶らも酒席の余興としてゲームを楽しんでいたことがうかがえる。

⦿詩作と歌舞

詩作や歌舞もまた敦煌の宴席での余興のひとつであった。酒席では出された題に応じて即興で創作作曲を行っていた。岑参ら詩人の作品にはしばしば描写される。唐・張鷟『遊仙窟』にはその様子が細かく描写される。

十娘は「少府は滅多にいらっしゃらないのですから、楽しもうではありませんか。五嫂は舞を舞うのがとても上手だから、どうぞ一曲舞ってくださいな」と言った。（五嫂も）断るようなことはしなかった。……二人は一緒に舞を舞い始め、一緒に下官《やつがれ》に勧めた。下官はそこで起《た》って礼を言い「大海原の中では水になるのは難しく、霹靂の後で雷が鳴ることもありますまい。お断りすることなどできませんので、醜く下手ではありますがやりましょう」と、踊り出した。……舞い終わるとうたをつくり、「四辺を巡っていましたら、はからずも二人の仙女に出くわした。整った眉は冬に芽を出した柳のよう、美しい頬は乾いた畑に蓮の生えたよう。何度見てもどこから見てもなまめかしく美しい。今宵それを得なければ、命を黄泉の国に任せることになろう」。

飲酒の途中で、十娘は張郎にも詩作や歌舞を求め、張郎はそれに応じて曲を作り、歌いつつ舞を舞った。これは唐代の典型的な酒席での詩作・歌舞の様子である。

先に引用したS.2049「蔵駒（鉤）」の「聞くところによると、誘いを受けたという。化粧や着飾りにも余念がなく、髪を結い束腰で身を細く縛る」の一句もまた舞踊を客人に見せた様子を詠ったものである。敦煌に残された詩や歌の多くは酒と何らかの関係がある。P.3618「まりうちして汗が絹のスカートにしみ通り、舞を舞って酒で腕の半分がぬれる」、「長相思」の「行商人は江西に居た。世に稀にみる金持ちで、地位も身分も高かった。一日中紅楼の上で……（欠損）……舞を舞い、辞を作る」やS.6551「美味しい酒と共に『三台』を歌う」など、いずれも酒席での余興が著されている。

敦煌には「教坊曲」（教坊は雅楽以外の音楽や舞踏などを掌る官署で、教坊曲はいわば当代はやりのメロディー）も数多く残されている。「天仙子」「紅娘子」「蝴蝶子」「酔花間」「楊柳枝」「定西番」「采蓮」「黄羊児」「巫山一段雲」「酔胡子《すいこし》」「酔思郷」「下水船」「河瀆神《かとくしん》」などの教坊曲はいずれも酒席で作られたものである。

P.3911「曲子辞」中の「下水船」には「盞酌十分（盞に酌すこと十分）」、「浣渓沙《かんけいさ》」には「長命杯中傾緑醑《りょくしょ》。満金船

（長命杯中に緑醑を傾け、金船に満つ）」、S.5643には「……美人秋水似天仙。紅娘子本住□□、蝶児終日繞花間。挙頭聚落秋□□。悔上采蓮船。楊柳枝柔、墜落西番（美人秋水は天仙に似る。紅娘子はもと□□に住み、蝶児は終日花間を繞る。挙頭聚落秋□□。采蓮の船に上るを悔ゆ。楊柳の枝柔らかく、西番に墜落す）」と辞の中には「天仙子」「紅娘子」「蝴蝶子」「酔花間」「楊柳枝」「定西番」「采蓮」など教坊曲の調子の名称が見える。これらの敦煌文献に見える歌舞についての記録は、酒席での創作活動が優雅な飲み方であったことを物語っている。王昆吾《おうこんご》氏は唐代に流行した酒席での歌舞には二種類あったと指摘する。つまり、ひとつは芸術として観賞するための歌舞、もうひとつは酒席での余興としての歌舞である。酒を飲む者自身が演者となり、その場で決めた演目に従い、歌詞もまた即興で創作されたものであることが多い。

［図90］莫高窟第六一窟　歓宴図

［図91］莫高窟第一二窟　歓宴図

　王氏の意見を参考にしつつ、晩唐から五代期の壁画に描かれる歌舞の様子を見てみよう。莫高窟五代第六一窟の歓宴図（五代）［→図90］などに見えるものは確かに余興、娯楽としての歌舞であると判断できる。維摩《ゆいま》詰《きつ》を含む七人の人物が酒を入れた容器や食器類が置かれた食卓の両側に腰掛けている。その中の二人は音楽を奏でており、軽快に舞を舞う人の姿も見える。左手の酒杯

［図92］莫高窟第一四六窟　歓宴図

［図93］莫高窟第九八窟　歓宴図

は確認できないものの、他の歓宴図、例えば第一二窟の歓宴図（五代）［↓図91］との比較から酒杯があったと考えられる。

　食卓の両側に向かい合って座っている七人のうち、左側の一人目が維摩詰である。一人が舞を舞い、残りの人はそれを観ている。

　莫高窟第三六〇窟の歓宴図（中唐）［↓図74　一二三頁］では、一人が舞を舞い、七人が食卓からそれを観ている。舞を舞う人物が手に酒杯を持っているかどうかは、はっきりと確認できない。

　莫高窟第九八窟［↓図93］、第一〇八窟［↓図78　一三二頁］などに描かれる歓宴図でも舞を舞うのは一人だけであるが、傍らに一人の男性（莫高窟第一〇八窟）もしくは女性（莫高窟第九八窟、第一四六窟）がそばに仕え、両手で酒を勧めている。舞を舞う人物は左手に酒杯を持ち、舞のポーズを取っている。席に着いている人物と同様の帽子を身につけており、酒を飲んでいる者と同じ身分、立場の人間であると考えられ、男性は踊り子ではない。

　このような宴席での歌舞の様子はしばしば描かれ、歓宴図だけでなく婚宴図にも現れる。例えば、莫高窟第四四五窟の婚宴図［↓図69　一一九頁］、楡林窟《ゆりんくつ》第三八窟の婚宴図［↓図83　一三四頁］がそれである。いずれも酒席での余興としての性格をもった歌舞であり、このほか莫高窟第一四六窟（五代）［↓図92］などにも見える。

樹木に囲まれたあずまやの中に大きな食床が置かれ、両側に食床と同じ高さの大きな長いすが見える。そこには数名の客が向かい合って腰掛けている。あずまやの外には、舞を舞う一人の男性が描かれ、その服装から考えて、この宴席に参加している客人の一人である。左手の酒杯を高くあげ、右手の袖を振り、舞の姿を作っている。またその傍らには彼に酒を注ぐために控える下僕がやや小さく描かれる。ほかの人は身体の向きを変えてそれを観ている。

図93は莫高窟第九八窟のあずまやで開かれる宴席の図である。園林のあずまやの中には数人が腰掛けており、みな外に目をやりながら酒を飲んでいる。あずまやの外の樹木の下には長い髭をたくわえた老人が左手に酒を持ち、舞を舞おうとしている。また、下僕はちょうど料理を運んでいるところである。

酒席での詩作や歌舞は、他の遊びと組み合わせて同時に楽しまれることが多かった。敦煌の歌辞に見える「酔胡子」とは「酒胡子」のことである。酒胡子はふっくらとまるいかたちをした木刻の胡人《えびす》形で、今でいう起き上がりこぼしのようなものである。余興として、酒胡子を転がし、停まったときに誰の方を向いているかによって、酒を飲む、あるいは作詩や歌舞などを披露する順番を決めた。酒胡子は唐代に非常に流行し、たびたび詩人の文中にも登場する。『唐摭言《とうしょげん》』巻一〇には次のように記されている。

盧《ろ》汪《おう》の家柄は天下一であった……晩年は失意の中にあったが、「賦酒胡子長歌」という一篇によって有名である。その序文に次のようにある。「二三の者が宿屋で出会い、隣近所で酒を借りたが、来客を楽しませる音楽もなかった。蘭陵掾淮南《らんりょうえんわいなん》生は袋の中から酒胡子を探り取り、座席の上に置き、礼をしてからお題目を言った。『酒杯に一回り酒を注ぐのは胡人で、クルクル回転して、向かった方向の者が杯を挙げる』。胡の風貌は人に似、また趣きがある。傾いて誰を指しているのかわからないのも、急いだりゆっくり回ったりするのも動かした人次第で、酒胡のせいではないのだが、『酒胡歌』を作ってこう譏《そし》る。『心を合わせて出会えば楽しいときをともに過ごす。酒胡を取り上げ玉盤に置く。盤の上ではぐらぐらと不安定でじっとしていない。それを取り囲む客らがじっと見つめる。真ん中でなくともよいが、表でなければいけない。客の言いなりにひとりでクルクル回る。酒胡の五臓は他人のもの。もう十分だと思っていても無情にも勧める者がいる。酒胡よ、おまえは耕しもしなければ、餓えもしない。養蚕もしないのに服を着ている。眼があるのに相手の身分を区別したこともなく、口があるのに是非を明らかにすることもできない。鼻はなんと尖っているのだろう。眼はなんと碧いのだろう。その容貌は天地の力のなすところではない。彫刻にはさまざまな工夫が凝らされ、翡翠色の帽子に朱い上着は巧みに装飾がほどこされている。長安では一斗の酒に十千金。劉伶《りゅうれい》は常日頃から酒をこよなく愛し、むなしく酒の中で命を落とし、酒池で泳ぐことはできなかった。酒胡には一滴の酒も飲ませない。むなしく酒胡に命令し、酒胡の名を呼ぶ』』。

著名な唐代の詩人、元稹《げんしん》にも酒胡子を詠んだ作品がある。

遣悶多憑酒、　憂さ晴らしは酒に頼ることが多く、
公心只仰胡。　公の心はただ酒胡子の方に向うのみ。
挺心惟直指、　堂々と胸をはってただ酒を飲むべきか指し示す、

無意独欺愚。　人を騙そうなんて考えはない。

（『全唐詩』巻四一〇）

徐夤《じょいん》も「酒胡子」という題の詩を残している。

紅筵絲竹合、　紅いむしろで管弦が演奏される宴会の席、
用爾作歓娯。　（酒胡子、）おまえで遊ぼう。
直指寧偏党、　手で真っ直ぐゆび指す方向はえこひいきなどしない。
無私絶覬覦。　公正無私でインチキしようとするヤツらさえも諦めた。
当歌誰擐袖、　歌にあわせて誰が袖を通すのか、
応節漸軽軀。　節にあわせてしだいにからだを軽くする。
恰与真相似、　本物そっくりの、
氈裘満頷須。　あごひげはフェルトで出来ている。

（『全唐詩』巻七〇八）

ここからも酒席では酒胡子を転がし倒れた方向にいる人が酒を飲むという遊び方がされたことが分かる。敦煌でも「酒胡子」を詠んだ詩歌が流行しており、この遊びをよく知っていたにちがいない。敦煌には「酒賦」という唐代の有名な文学作品が残されており、その中には当時の酒を飲む様子が描写されている。

鳳凰杯、馬瑙盞、　鳳凰の杯、瑪瑙の盞、
左旋右旋大虫眼。　左にくるり、右にくるり、大きな虫のような眼。
千車鹿脯作資財、　千車の鹿の干し肉は資金と材料とし、
百隻槍籌是家産。　百隻の槍籌《そうちゅう》(酒令に使う道具)は一家の財産である。
無労四字犯章程、　四字がルールを犯す必要はない
不明不快酒満盛。　はっきりせず愉快でなくても酒は山盛り
銀盞渾擊張口瀉、　銀のさかずきを酌み交わしどんどん口に流し込み、
君聴且作瀺灂声。　君はしばらく水の流れる音を聞く。
箏笛相和声沸天、　箏や笛が相和してその音が沸き返り、
更将新曲入繁弦。　さらに新しい曲で弦楽が加わった。
為聴十拍黄花酒、　十のリズムを聞きながらの黄花酒(菊花酒)、
打折一条白玉鞭。　一本の白玉の鞭を折る。

ここに見える「槍籌」とは籌棒《かずとり》、「四字」とは籌のルールのことを言う。『唐語《とうご》林《りん》』巻八には「壁州《へきしゅう》刺史であった鄧宏慶《とうこうけい》は、酒を飲むとき『平』『索』『看』『精』の四文字を置いた。酒令として本骰子《ほんとうし》(骰子令。サイコロを振ってその勝ち負けで人に酒を飲ませる余興)、巻白波(酒を飲むこと)という律令を設定した。これよりのち『鞍馬《あんば》』や『香球』、『調笑』といった余興の中で酒を飲むようになり、『招』『揺』といった号令もできた。その後、『平』『索』『看』『精』の四文字と律令は完全に廃れてしまい、『瞻相《せんそう》』や『下次拠』といった余興に取っ

て代わられ、途絶えてほとんどそれに通じる者がいなくなった。『下次拠』では一曲子が三曲子を打つが、これは軍に由来するもので、邠善《ふんぜん》師の酒令は世に名を知られている」との説明がある。実際には「四字籌令」は廃止されてはいなかった。一九八二年江蘇《こうそ》省丹徒《たんと》県の唐代の地下室から酒令籌筒（酒席で使用する籌札を入れる筒）一点と五〇枚の令籌（籌札）が発見され、そこには「勧」「処」「飲」「放」の四文字が記されていた。「酒賦」にいうところの「四字章程」とはまさにこのルールのことである。「箏笛相和声沸天、更将新曲入繁弦」はちょうど酒宴での歌舞の様子を映し出している。

「打折一条白玉鞭」の一句は、聴衆が曲に合わせて調子を取っていた様子を、大げさに形容することによって、酔客の大胆で豪快な振る舞いを表現しているように思われる。

⦿抛打令（抛《ほう》る、投げるゲーム）

S.2204・S.126「十無常」には「酒席誇打『巣云令』、行弄影（酒席で大げさに『巣云令』をして、影をもてあそぶ）」と、P.2418「父母恩重経講経文」には「酒熟花開三月裏、但知排打『曲江春』（酒熟し花開く三月に、ただ知る『曲江春』を排打するを）」とある。「排打『曲江春』」というのは、酒席において『曲江春』という曲に合わせて座興をやることをいう。この座興は、客が全員で円座して行うものである。香毬《こうきゅう》（香料をつめて作った毬）またはさかずきを順番に回し、楽曲によってその始めと終りを決める。曲のテンポが速まったり、終りが近づいたときには、その毬（／さかずき）をほうり投げる。香毬（／さかずき）が当った人は、それを持って舞を舞う。形式は現在の「撃鼓伝花（太鼓をたたいて花を伝える）」というゲームと似ている。このような座興の様子は敦煌の文学作品中にもしばしば登場することから、民間で広く楽しまれていたものであると考えられる。瞻相令と呼ばれる遊びも酒席での余興としてよく行われていた。王昆吾氏によれば、瞻相令とは身体を使った遊びで、首を横に振ったり、手を振ったりする動作によって指示を出したという。P.2555「高興歌」（すなわち「酒賦」）には「相令惟憂日勢斜、吟歓只怕時光促（相令ではただ雲行きが怪しくなるのをうれい、楽しみをうたいながら時間が短いことをおそれる）」「無労四家犯章程（四家がルールを犯す必要はない）」「章呈（程）不許李稍雲（酒令では李稍雲にも劣らない）」と詠われているが、これは瞻相令で遊ぶ様子を描写しているものと考えられる。

⦿喧拳

社邑《しやゆう》文書には「社の中で大小を諌めず、無格に席上で喧拳《けんけん》をしたり、目上の人の言うことを聞かない者がいれば、社の衆人に仰いで罰として醲膩《じようじ》（コクのある酒と脂ののった料理）を用意して一席設けさせる」（**S.527**）、「社の中に大小を諌《いさ》めず、無格に席上で喧拳したり、上下をわきまえないならば、社の衆人がそれぞれ三〇回杖で打つ。さらに罰として醲膩を用意して一席設けること」（**S.6537v**）といった規定が見える。

「格」は敦煌文書で非常に多く用いられる語で、社邑内の条例には必ずとよいほど「格」の文字が見える。また P.4651・P.5629・S.6537 などには「社格」「条格」とあり、これらはいずれも社邑の規定を指している。「無格」とは規定を守らないことをいう。上で引用した文書でいうところの規定とは大小、つまり尊卑長幼の序である。社邑文書の中にはそれを条例に明文化したものもある。例えば、P.4525（11）には「家柄ではなく、長幼の序を尊ぶこと。もし目下の者で喧しく騒ぎ、目上の人の言うことを聞かない者がいれば、罰として醲膩を用意して一席設け……」と見える。「大小を諌めず、無格に……」とは、つまりを長幼の序をわきまえず、礼儀作法を心得ていないことをいう。「喧拳」とは「豁拳《かっけん》」ともいい、酒席での余興の一種である。現在でも中国北西部では今でも非常に人気があるゲームである。その起源をどこまで遡ることが可能であるか詳らかではないが、唐代に流行した「手勢令」「招手令」などはいずれも「喧拳」の古い形式であると考えられる。

『全唐詩』巻八九では「招手令」について次のような描写がある。「亜其虎膺、曲其松根、以蹲鴟間虎膺之下、以鉤戟差玉柱之旁。潜虬闊玉柱三分、奇兵闊潜虬一寸。死其三洛、生其五峰」。王昆吾氏はこの一文を「最初は手のひら（虎膺《こよう》）を広げ、その後指の関節を曲げていく。親指（蹲鴟《そんし》）を曲げて手のひらの下に隠し、人差し指（鉤戟《こうげき》）の指先を中指（玉柱《ぎょくちゅう》）の横に添える。次に薬指（潜虬《せんきゅう》）と小指（奇兵《きへい》）を開く。薬指は中指から三分、小指は薬指から一寸離す。この状態で手首（三洛《さんらく》）を下に垂らし、五本（五峰《ごほう》）の指を伸ばす」と解釈する。

「手勢令」については、これまでさまざまな解釈がなされてきたが、どのようなルールで、どのように勝ち負けを決めたのか、まだ明らかになっていない。

現在の豁拳にはさまざまな遊び方が存在する。最も一般的なのは、二人がそれぞれ任意の数の指を突き出すと同時に一から一〇までの数を唱え、両方の指の和を当てたほうが勝ちというものである。また、「小拳」とよばれる五本あるいは三本（親指、人差し指、小指）の出し方で大小を競う（親指は人差し指に、人差し指は中指に、中指は薬指に、薬指は小指に、小指は親指に勝つ）遊び方もよく見られる。また、指を使って石、紙、はさみの形をつくり、どの形を出したかで勝負を決める遊び（日本のじゃんけんと同じ）も「豁拳」と呼ばれることがある。また、ここから派生した「石、沙鍋、水」（石は沙鍋を打ち砕き、沙鍋は水を汲み、水は石を押し流す)というものもある。いずれも手で作ったかたちで勝負が決定されるものであり、「手勢令」の一種であると見なすことができる。「打槓子《ダーガンズ》」と呼ばれる「槓子(棒)、老虎(トラ)、鶏(ニワトリ)、虫(ムシ)」のかたちを作って遊ぶ方法(棒でトラを殴り、トラがニワトリを食べ、ニワトリがムシを食べ、ムシが木の棒を食べる)もある。呼び方が異なるだけで、遊び方の原理は全く変わらない。ほかにもよく似た豁拳の方法があり、簡単でいつでもどこでも遊ぶことができるため、広く流行した。

唐代の敦煌にも「手勢令」「招手令」に類似する「豁拳」の古い形式が存在したに違いない。あるいは「喧拳」は古い形式の喧拳に対する敦煌での呼称なのかもしれない。手のかたち、指の本数、掛け声、勝負の判定など現在と全く同じであったとは限らないが、手のかたちや遊びの中で用いられる言葉から考えて豁拳の一種であったはずである。

最初に引用した社条、つまり結社の規定に戻ることにしよう。その中には敦煌の人びとの倫理道徳観、それに対する要求などが反映されている。「社の中で大小を諫めず、無格に席上で喧拳をする」の一文は、社のメンバーが酒席で倫理に違反し、長幼の序をわきまえず拳を打って遊ぶことを禁じたものである。ここで「無格(規定を守らない)」とは「無大小(長幼の序をわきまえない)」をいう。長い年月をかけて形成されたこのような倫理規範は、現在でも一部の地域に根付いており、明文化はされていないが避けられている。また地域によっては、酒席の雰囲気を盛り上げるために、都合よくルールを変更し、年齢の小さい方が先に一杯、時には数杯の「免罪酒」を飲むことで、目上の相手と「豁拳」をしても構わないということになっている。これは目下の者が目上の者と豁拳をすることは「罪」であるという意識の表れであると同時に、また儒教の三綱(君臣・父子・夫婦の道)と五常(人の常に守るべき五つの道徳、仁・義・礼・智・信)の観念が徐々に薄れつつある現状を示している。唐五代期の敦煌では儒教的倫理観念がいかに根深く社会に浸透していたかがわかるであろう。社の宴会は比較的厳粛な活動であり、多かれ少なかれ封建社会の宗法制度を体現するものであり、このような場での「喧拳」は、尊卑長幼の倫理に抵触する行為とみなされ、社条で厳しく取り締まっていたのである。ただ、普段同年代の仲間同士で喧拳を楽しむ機会は少なくなかったはずであり、規制の対象ともなっていない。最後にS.6537についてひとつ指摘しておきたい。この写本に記されるのは「女人社」の社条であり、男性だけでなく、女性も酒の席で喧拳をすることがあったらしいのである。

喧拳は通俗的な酒席の余興であり、やや格式ばった場面では規制の対象となるものであった。では、先に挙げた「拗籠籌令」や「蔵鉤」、詩作、歌舞といった余興はどうであったのだろうか。これらは一定の素養を必要としており、士大夫の間で一種の高尚で雅やかな遊びとして楽しまれたと考えられる。酒席での詩作や歌舞の様子を描いた壁画でも、舞を舞う男性は酒を飲んでいる人と同様に、幞頭《ぼくとう》という頭巾をかぶり、官僚の服装を身につけている。歌や舞を専門とする芸人を招いていたわけではない。

4. 酒杯に百杯を飲みほす酒豪たち——敦煌の人びとの酒量

『水滸《すいこ》伝《でん》』に登場する武松《ぶしょう》は景陽崗《けいようこう》で一五碗の酒を一気に飲み干し、トラを退治した英雄である。大酒飲みの豪傑を描いた文学作品の典型で、広く語り伝えられた。『水滸伝』を読めば、武松の酒量には感心せざるを得ないであろう。

武松の活躍した時代からやや遡る五代期の敦煌において、寺院の和尚らの酒量は武松と比べても決して引けを取らないものであった。

S.6452c「壬午年(九八二)浄土寺常住庫酒破暦」には一日に一人当たり二・五升、三升あるいは五升、最も多い者では七・五升もの酒を飲んだという記録が残る。二人で一日に一斗の酒を消費するというのは日常茶飯事であったらしい。P.5032vには三人で二斗の酒を飲んだことが記されている。一人一日五升というのは決して少ない量ではない。

当時の一斗、つまり一〇升は、現在の〇・五九四四リットルに相当する。五升は現在でいう三リットルほどである。これで、上で挙げた文書中で和尚らが毎日にどれほどの酒を飲んでいたかお分かりいただけるであろう。

現代人にも毎日三リットルの酒を飲むことは可能だろうか。古代の人が現代人より酒に強かったわけではない。敦煌の僧侶が日常的に口にしていたのは粟酒であり、今日の黄酒に似たもので、アルコール度数はそれほど高くなかったのである。とはいえ、三リットルというのは少なくはない。

武松が景陽崗で飲んだ酒一八碗は一度に飲み干したのであったが、敦煌の僧侶の七升は一八碗に相当するのであろうか。敦煌文書に記されるところによれば、通常酒を飲むために使われるのは「叵羅《はら》」と呼ばれる低く浅い碗であった。木製の小さなものが中心で、あまりに大きいものは壊れやすく使用に耐えなかった。よって、七升の酒を一八碗に汲みきることは必ずしも可能ではなかったと考えられる。ただ『水滸伝』の作者である施耐庵《せたいあん》の文学的誇張表現を考慮するならば、敦煌の僧侶らの酒量は決して武松に引けを取らないものであったはずである。

帰義軍衙内《きぎぐんがない》における宴設司の重要な役割は客に酒を提供することであった。P.3569v「唐光啓《こうけい》三年（八八七）四月為官酒戸馬三娘、龍粉堆支酒本和算会牒」には、使節がやってきた時には一人当たり二升二合から三升の酒が用意されたことが記録される。準備される量は使節の身分によって変わるが、膳の数とほぼ一致しており、全員に十分な酒が振舞われたものと考えられる。また、故宮博物院蔵「敦煌己巳年（九六九）樊定延《はんていえん》酒破暦」によれば、于闐《うてん》の太子の侍従二人にはひと月四斗、太子の乳母にはひと月当り半甕の酒が提供されていた。

酒は社会生活と酒は切り離せない関係にあり、僧侶から帰義軍政権の最高責任者への贈り物のリストにも含まれている。P.4638は端午の節句に敦煌の僧侶が帰義軍政権の最高責任者に送った手紙であるが、その中には「酒二甕」「幸運にも端午の節句にめぐり合わせ、重ねて長寿のお祝いを申し上げます」という文言があり、酒などを送って円滑な人間関係を保とうとする気持ちが表れている。

文書の中には、大酒をむさぼり、暴れた人物がいたことも記されている。

写蕃経判官安和子

右の件の人物は……（中略）……この日以前は仏典を書写しておりましたが、口には常に汚い言葉が絶えず、いずれも祖父母ら老いた者を辱しめるものです。局席でみなが言ったことについて、汚い言葉を吐いたため、罰として局席を設けることを求めます。安和は衆例に反して、「淫母」というようなことばを口にしました。ほかの者は違反するところがあれば甘んじて罰を受けると言っておりますが、安和だけは「わたしが口で好き勝手言ったからといっておまえたちに何の関係があるというのだ」と主張しております。母親には赤ん坊のころ食べ物を食べさせてもらった恩があり、父母は辛苦をなめ尽くして子供を育てるというのに、このように「淫母」などということばをどうして口にすることができましょうか。詳しく衆例を御調べになり、対処していただけますようお願いいたします。

（P.5818「写蕃経判官安和子状」）

これは、吐蕃統治期の写本である。安和は仏典を専門に書写する文化人でありながら、酒に酔い潰れた末、支離滅裂な話をし、汚いことばで人を罵ったという。挙句の果てには「淫母」のようなこの状を書く人が口にするのも憚られるようなことばまで発したらしい。敦煌にも悪酔いして人にからんだり暴れたりする人間が少なくなかったようである。

酒は一心に聖賢の学問に打ち込む学郎（敦煌地区の学校の学生に対する呼称）にまでも影響を与えた。学郎は教科書を写した後の余白を利用して即興で作った作品を記しているのだが、そこには酒が飲みたいという気持ち、酒が手に入らないことへの不平不満が表現されている。P.2621の末尾には「書写するときは酒を飲まず、毎日筆が乾いてしまうほどである。うっかり書き間違えることがあれば、後の人に見られてしまう」、P.3305『論語序』の下には「今朝の夢は心を乱し、憂いを生じさせる。酒を五升買って、この憂いを千里のかなたに解き放とう。学生李《り》文段《ぶんだん》この巻を書す」、北図蔵伍字68（8442）『百行章』一巻の尾題にもよく似た題記が残される。どうやらこのような諧謔詩は、学郎たちの間で流行っていたようであり、学郎たちの飲酒へのあこがれをよく示している。また、他者から代筆を請け負った報酬に「潤筆費」と称して酒が振舞われることを期待しているのかもしれない。

六

敬神供仏施《せ》捨《が》鬼《き》

飲食が敦煌の人びとの精神世界に与える影響

飲食活動を三段階に分けるとするならば、次のようになるだろう。まず第一に、生理的欲求を満たし、生命維持活動に必要な栄養素を摂取するための行為である。次は、一つめの条件がそろっていることを前提としつつ、その範囲を超えて、味や食感、見た目の美しさを追求する行為である。最後は、先の二つの条件を満たした上で、道楽として、あるいはひととの付き合いの場として、飲食以外の目的が附加された行為である。飲食活動が生活の中で果たす役割はまさにこのようなものなのである。

原始社会において、人びとは神霊にこびへつらい、最上の食べ物を鬼神に献上し、神霊の加護を求めた。祭祀に用いる食べ物は、往々にしてその当時における最も高級かつ精緻なものであり、飲食が形成するこのような人と鬼神の間での交流は幾千年にわたって続いてきた。今日に至るまでずっと神霊に食べ物を供えることは祭祀を執り行う上で最も重要な部分を占めている。古代中国では、神を敬うことはこの上ない最高の行為としてあがめられ、飲食物の製造や規格も様々な神秘的な光に覆われ、国家の興隆や滅亡にまで結び付けられていたのである。魯迅《ろじん》の小説『祝福《しゅくふく》』の中で、魯媽《ろぼ》が祥林嫂《しょうりんそう》に祭祀での祖先への供え物に手を触れることさえ許されなかったのが好い例である。では、敦煌《とんこう》の人々がどのように神霊をもてなしていたのか見てみよう。

1. 敬神――神への敬い

敦煌の人びとは敬虔な仏教徒であったが、他の宗教や信仰を排斥していたわけではない。敦煌の人々の精神世界の中にも多くの神霊が生きており、日常生活に影響を与えていたのである。人々は決まった時間や場所で神霊を祭り、そのために供え物の食品を用意し、加護を求めた。善良な神もいれば、あまり友好的でない神もいたが、分け隔てなく祀っていた。このような祭祀は「祈賽《きさい》」と呼ばれていた。

敦煌文書によれば、神霊の数は何十にものぼる。山の神、水の神、風の神、雨の神、関所・宿場の神、河の神など、自然崇拝に基づく信仰があった。金鞍山神《きんあんさんしん》、都河玉女娘子神《とかぎょくじょじょうししん》、張女郎神《ちょうじょろうしん》などが有名である。蔵を修理する、渠を掘る、くわを入れる、木を伐る、使者が旅立つといったときには、土地や山の神のたたりを恐れ、必ずお供えをして神を祭った。動物崇拝に基づく馬の神、羊の神、ラクダの神、鷹の神、植物崇拝に基づく青苗《せいびょう》の神、樹木の神、ブドウの神、創造物崇拝に基づく石うすの神、きぬたの神、水門の神などに対する信仰も存在した。ほかにも祆《けん》教、天王崇拝などの宗教信仰があった。決まった時間や決まった場所、例えば庭、楼閣、荘園に対しても供物を供えて神を祭らねばならない。なかには毎年必ず祭らねばならない神もいる。例えば、霜や雪をつかさどる玉女娘子《ぎょくじょじょうし》神に対しては、毎年祭祀を行い加護を求めている。その他、水神や蚕神、蝗虫《こうちゅう》神なども祭祀の対象となっていた。P.2940「斎琬《さいえん》文」には、祈雨（雨乞い）、賽雨（雨が降ったことへの感謝）、満月（満一ヶ月）、生日（誕生日）、散学（終業、あるいは修業の儀式）、闕《けつ》字（要検討）、蔵鉤《ぞうこう》、散講（ある種の講経の形式。経典全体ではなく一部だけを取り出して講釈する）、三長、平安、邑義《ゆうぎ》（社邑内での活動）、脱難（厄除け）、患差（全快祝い）、受戒、賽入宅（新居への引越）などを祈願する讃《さん》が列挙されている。また特定の祝祭日や節句、例えば年末や寒食などの祭祀礼拝、先賢や聖人に対する祭儀が執り行われた。

このような祭りの儀式のひとつとして、精緻で美しい食品の献上が行われた。供物としては、主に肉や酒、その他主食が準備され、供え物には一定の区別が設けられていた。

文献によっては支出された食品のリストがついていないが、一連の儀式の中では「樫《てい》（ギョリュウ／タマリクス。敦煌に生育する種類は「檉」と呼ばれていた）」が支出されている。数は一様でないが、これは肉を煮るための燃料として用いられたと考えられる。多くの場合は一束が支出されるが、S.3728では九五五年三月二日帰義《きぎ》軍衙《ぐんが》内《ない》から東水池《とうすいち》の神を祭るために九束もの「檉」が支出されている。かなり大規模な祭祀礼拝活動が行われたものと考えられる。このように大勢の人が動員されたのは、東水池が敦煌という土地の灌漑に重要であったためであり、水神の加護により気候が順調であることを祈願したのである。

どのような祭儀にも肉が供えられたわけではない。場合によっては、麺粉製品のみであったり、酒が必要なこともあった。供物に用いられるのはいずれも敦煌において比較的上等な食品であり、焼餅《しょうへい》、胡《こ》餅《へい》、餢飳《ほうとう／ふと》、灌腸麺《かんちょうめん》、麦炒《むぎこがし》、果実、乾魚、鹿肉などであった。このほか一種の「神食」と呼ばれる食品があり、「分」という数量詞が用いられる。また別に「細供《さいきょう》」と呼ばれる食品もあり、こちらも「分」で数えられる。前者は何種類かの食品を組み合わせたもので、後者は同じ食品を一定数そろえたものである。「神食」はその機能にちなんだ名称であり、「細供」という名称は手が込んだ供物であることを示している。

主食のほか、果物が供えられることもあった。

S.1725v1は釈奠《せきてん》（古代の聖人や孔子のまつり）や祭社、風や雨の神などを祭ったときの支出帳簿であり、ここからは祭典儀式が非常に盛大で、多くの物品を必要とし、少なからざる食品が用意されていたことがうかがえる。

> 今月　日の釈奠で必要なもの。香炉二（香も併せて）、神蓆《しんせき》二、氈《せん》一六枚、馬頭盤四、碟子《ちょうし》一〇、壘《るい》子《し》一〇、小さな台二、碗二、杓子《しゃくし》二、弊布《へいふ》四尺、果物盤子《ばんし》二盛り、酒、肉、梨五三個、斎米一升

（一升＝六〇〇ミリリットル）、鍬一挺、儀式を行う人三、祭祀用の壇を整える人一、手ぬぐい一、香棗一升。祭社で必要なもの。香炉四（香も併せて）、神薦四、氈二〇枚、馬頭盤八、碟子二〇、塁子二〇、小さな台三、碗三、杓子三、手ぬぐい一、弊布八尺、餜食《かしょく》盤子四盛り、酒、肉、［梨］一〇〇個、儀式を行う人三、扙鎊《じょうほう》（日本の地鎮祭の穿初《うがちぞめ》儀式に用いる鍬に似た形状、役割の道具）二挺、斎米、香棗二升、祭祀用の壇を整える人一、ウリ二〇、祭風伯（風の神）一座、祭雨師（雨の神）一座。

右の物品は諸神を祭るために用いますので、新しく上等のものをそろえていただくよう、お願いいたします。

牒状の内容は前述の通りです。謹んで申し上げます。

年　月　日　張智剛　牒。

文書は祭祀礼拝がどのように行われるのかについては触れていないが、支出された物品からその儀式の一端をうかがうことは可能である。まず祭壇を設け、その前には小さな食台を設置する。食台の上には馬頭盤（高台の付いた一種の高盤）や碟子、塁子、米、ナツメなどを置いた。そのうち、盤子、碗、碟子には餜食、肉、果物といったものの盛りつけに用いる。塁子は酒を入れるために使い、勺子は甕《おう》から酒を汲むためのものである。手ぬぐいは食器を拭くためのものである。弊布についてはどのようなものであるのか明らかではない。氈《せん》（フェルト）は参拝者が跪拝するときに用いたものと考えられる。用意された氈の数から見て、参加者は少なくなかったようである。神薦と香炉の数量は一致しており、神薦はもしかしたら香炉を置くために用いられたものであるのかもしれない。このほか春と秋の二回、先聖孔子と先師顔回も祭らねばならなかった。

「玉女娘子神」「張女郎神」などに対しても毎年盛大な祭典が開催され、その加護により気候が順調であることを祈願していた。

2. 供仏——仏へのお供え

神だけでなく、仏や菩薩を祭ることもおこたってはならない。一般的な信者の意識としては、仏も菩薩も神のうちであった。そのため、仏や菩薩に食べ物を供えることは寺院や僧侶らが仏教に向き合う態度を体現するひとつの指標となっていたのである。

仏に供えられる食品は、「神仏食」「仏食」あるいは「神仏料」と呼ばれていた。

寺院の神仏食については、次のような二つの状況が存在した。ひとつめは、仏教の各種儀式や行事の中で、施主が仏からの謝礼であるという名目で寺院に脱穀・加工済みの穀物や食品を献上する場合である。麦や黄麻、ときには酒まで含まれていた。もうひとつは、寺院内で作った食物を仏や菩薩に供える場合である。三月と一二月、まちに出て「転経」する際には「神仏食」を支出せねばならなかった。春・秋・冬の特定の時に仏食を作るために寺院から支出される費用は相当なものであった。寺院によっては、四碩《せき》(一碩＝一石。約一九キログラム)を超える麺粉を支出して食品を用意している。それぞれ「春仏食」「秋仏食」「冬仏食」と呼ばれている。

浄土寺では季節ごとに三碩三斗ほどの麺粉を使って「仏食」を準備している。また、別の寺院の支出量は四碩を超える。

［図94］莫高窟第一四八窟　食物を供える場面

「仏食」の中身は餪餅《だんへい》、餼餅《きへい》、胡餅《こへい》、餢飳、蒸餅《じょうへい》などである。S.6452aは、ある寺院で一〇月一五日に作られた「仏食」について記録する。「（一〇月）一五日の仏食。餪餅に麺粉七斗二升（一碩＝一〇斗＝一〇〇升）、餼餅に麺粉四斗五升、胡餅に麺粉九斗、餑《ほっ》に麺粉四斗、蒸餅に麺粉一碩五斗と油八升。女人に連麺を一斗」。ここでいう「女人」とは「造食女人」、食事を作る女性のこと、「連麺」とは「連麩麺《れんふめん》」、全粒粉のことであり、彼女に支給されるひとり分の食糧である。ここから、「仏食」にもまた比較的上等な食品が用意されたことが読み取られる。

寺院でこのように大量の仏食が作られるのは、供物台に並べるほか、多くは仏食行事に参加する僧侶に振る舞うためであった。

壁画には、香炉などを置く台のほか、お供えの食べ物が並べられた供物台が少なからず描かれている［↓図94］。

図94は莫高窟第一四八窟に描かれる三十三天（忉利天《とうりてん》）などの神を供養する様子である。長方形の食床の上に、形状の異なる四つの盤子が置かれ、その中には食べ物が盛られている。天女が雲に乗り、手には食べ物や生花といった供え物であふれる盤子を持ち、ゆっくりと天に向かって昇っている。

実際のところ、天上の神の供養というのは、地上の神仏の供養を反映したものである。

図95は莫高窟第六一窟に描かれる五台山《ごだいさん》図の一部である。その中には

［図95］莫高窟第六一窟　香を焚いて参拝する様子

二人の巡礼者が蒸盤を捧げ持ち、寺院に向かって歩いている様子が見える。線香をあげて仏を拝んでいる、あるいは願掛けか願ほどきをしているようである。

　このほか、仏や菩薩、その他の仏教の神霊への供え物となる食物については啓請文《けいしょうもん》や願文においても言及がある。啓請文や願文の施主らはしばしば「於是庭羅百味、遠皎映於天厨。炉焚六銖、近芬芳於綺席（庭に百味を並べれば、遠く天の厨房に明るく映える。炉に六銖銭を燃やせば、近く盛んな宴会に芳しい香りが立ちこめる）」（P.3566）、「於是高邀法会、広備斎宴（高く法会に招き、広く斎宴を調える）」（S.4537）のように述べている。また神霊が祭壇や家に来臨することを願う文言も残されている（S.5581）。啓請文中に食品の種類や儀式に対する説明は見られないが、仏や菩薩のための食物は欠かすことはできないものであった。

　ほぼすべての啓請文や願文には、神仏に対して信者の祈願内容が申し述べられ、加護を祈っている。その代わりに信者は食事を用意して神仏をもてなし、美味しい食事、美しい花、音楽などで神霊を供養していた。人間はこのような場合にまで食べ物にすがっていたのである。

　散食文、設斎文は、食べ物とさらに直接的に関係しており、別世界に存在する神霊ないし鬼神に対して「散食」する、つまり食事をまき散らす行為に用いる。

「散食」の対象についてわかりやすいように、当時の散食文を次に移録する。

仏弟子であります某甲《わたくし》は、結壇、散食、誦呪、転経、焚香、燃灯すること三日三晩、窈冥《ようめい》神鬼、陰道官僚、閻摩《えんま》羅王、察命司禄、太山府君、五道大神、左肩右膊《さけんうはく》、善悪童子、鑑察巡使、行道天王、吸人精気、司命主史、六司都判、行病鬼王、内外通申、諸方獄卒を下界にお招き致します。また、四神八将、十二部官、太歳将軍、黄幡豹尾《こうはんひょうび》、日游月建、赫赤《かくせき》星神、八卦九宮、陰陽之主、井竃碓磑《せいそうすいがい》、門戸妖精、街坊巷神、倉庫執捉《しっそく》、山河霊祇《れいぎ》、水陸神仙、宮殿非人、楼台魍魎《もうりょう》らにこのお供え物を受け取って頂けますように。仏弟子であります某甲《わたくし》が自ら申し上げます。凡夫は闇に迷い、いつも聖賢を犯し、一挙一動何をしても、日月星神を冒涜しておりますが、今ようやく迷いを脱し、香を焚き壇を結び、散食燃灯して、転経念誦し、伏してお願い申し上げます。諸大神聖が慈悲のお心で発願され、生きとし生けるものをお助けお守りくださりますように。また呪供、銭財、花果、五穀、香薬をお受け取りいただき、みなそれぞれに歓喜をもたらし、ともに福門を開いていただけますように。三災を仏教修行の場から遠ざけ、九横の大難が積善の家々を襲いませんように。千年の保護によりこのよき時代が長しえに続きますように。万歳の吉祥により、禍が転じて福となりますように。常住三宝に敬礼したてまつります（S.5589）。

諸仏・諸菩薩だけでなく、道教や民間の諸神、さらには「井竃碓磑（井、竃《かまど》、碓《ふみうす》、磑《いしうす》）」「門戸妖精（戸口の化け物）」「街坊巷神（街や坊、巷の神）」「倉庫執捉（倉庫の守衛）」といった、より身近な神々も同様に散食の対象とされていたのである。

このような散食の儀式は、後の時代と同じく、空中や地上に何らかの食べ物をばらまくことを象徴的に表すだけで、実際に「庭羅百味（庭に百味を並べる）」「広備斎宴（広く斎宴を整える）」わけではない。ちょうど「炉焚百銖（炉で百銖銭を燃やす）」が紙銭を燃やすことをいい、本当に銅銭を炉で溶かすのではないのと同じことである。

3. 施捨鬼——鬼神への喜捨

神霊の世界で財物や食物を必要としたように、鬼神の世界でも財物や食物が必要とされる。文献中には、鬼神に食物を喜捨する儀式について多くの記事が残される。まずは追儺《ついな》、鬼遣《や》らいの儀式について見てみよう。疫鬼を追い払うためには、まず礼を尽くして接し、しかる後に武力に訴える方法がしばしば用いられる。最初に餠《へい》などの食物を準備してこの世の者に危害を加えないよう説得するところから儀式は始まる。P.2058v2「児郎偉」は追儺の際の逐鬼を詠った詩であり、人と鬼神との関係が反映されている。

> 天や地を切り開くのならば、黄帝軒轅《けんえん》がいる。冥界や六道を屈伏させれば、分に安んじて安定した暮らしを送ることができる。五道大神が管轄し、追いたてるのは太山府君。浮遊し彷徨《さまよ》う鬼神がいかに衆生を苦しませてきたかつき合わせて調べる。盗賊が夜のまちに出没し、あちらこちらから

金銭財物を盗みかすめ取る。（これらの鬼神は処罰を受けたのち）富貴快楽を享受したこともなく、長い間首かせと鎖で拘束されてきた。羊司鬼は量をごまかし、官職をおとされた。牧草地の多くは貯えもなく、功績もふだんは完全ではない。宴設司は麺やムギを準備せず、ただ梧桐涙《ごとうるい》（コヨウから分泌されるアルカリ性の物質）が一升あるだけ。郷官鬼は郡全体を脅かしたため、百姓はみな怨みを持っている。造食鬼は麺や米を無駄遣いし、料理をあちこちにこぼしている。このような罪を犯した鬼神らは一列になって閻羅王のところに率いられていく。（刑を言い渡された者たちに対して）牛頭鬼《ごずき》が舌を抜き、獄卒鬼が鉄叉で突き刺す。阿鼻地獄に落ちれば、理由なく人間界に戻ることはできない。追儺というのは虚妄などではない。信じないならば賢明な人に問えばよい。今年からは、老いも若きも病なく安眠できますように。

文中には鬼神への強迫、また鬼神に対する恐れが表されており、米や麺《むぎこ》で食物を作って供え、鬼神に人間から遠く離れてもらえるよう、「穏健政策」を取って接していたことがわかる。

このほか、葬送儀礼においても、「弔孝（弔問）」「招魂」「送葬」「臨壙《りんこう》（棺を穴に納める）」「追薦」「祭祀」など各段階で、食物を死者の亡霊に供えなければならなかった。「弔孝」「招魂」では「祭盤（規定の数量だけ食物と酒を用意し盤に盛ったもの）」が送られた。「送葬」の際は、道中酒を地面に注ぎ悪鬼が先路を阻み邪魔するのを防いだ。また、「臨壙」するときにも、土地の神や亡霊に散食せねばならなかった。埋葬後の追善供養や祭祀儀礼でも「供え物」は欠かせないものであった。

このように、食物は人界と神界、幽界を結ぶ架け橋として、人間の精神を安定させる役割を担い、人びとの飲食活動の重要な部分を占めるものとなっていた。

4. 粗餐と佳味——食事に体現される社会階級

飲食活動というのは、人の社会的地位を最もよく表すものである。身分によって口にできる料理の手の込み具合が異なるだけでなく、それは食事をする時の席次にも影響する。例えば、文献に記録が残る限りの寺院では、「造食女人」（大部分は寺戸の家族であると考えられる）が口にしていたのは「粗麺」「黒麺」「粟麺」であり、僧侶らと同様に「白麺（精白小麦粉）」から作られる食物を食べたという記録はほとんど残されていない。また「黒女」と呼ばれる寺院内で奉仕する女性についての記述もしばしば見られるが、彼女らに分配されるのは大部分が「粗麺」や「黒麺」である。牧子《ぼくし》や園子《えんし》に支給される食糧も、アワが大半を占めていた。本書第一章「百味の飲食」でも引用したS.6577va「帰義軍時期宴設司麺破暦状稿」からは身分に応じたひと月あたりの供給量が見てとれる（二八頁を参照）。

　P.2040vの粗麺の支出の項目には「麺二斗、二季分の仏食を作る女性の食用にする。麺一斗、一二月にまちでの転経の際に造食女人の食用にする」と、また穀麺の支出に関しては「粟粉二斗、二季分の仏食を作る女性の食用にする。麺五升、一二月にまちでの転経の際に造食女人の食用にする」と記されている。造食女人は寺院で行われる仏教行事において美味かつ精巧な料理の製造に携わっていたにも関わらず、彼女たち自身が口にすることができたのは粗麺と粟麺だけであったのである。

　各国からの使節や従者らに支給される食糧もまた「上次料」「中次料」「下次料」という等級分けがなされ

ており、一日当たりの酒の量にも差がつけられていた。

「算会（僧侶が集まり帳簿をあらため、現物を確認する）」などの行事において、身分の高い僧侶には美味かつ精巧な料理だけでなく、往往にして酒も振る舞われた。一方で、身分の低い沙弥《しゃみ》らは労働に参加しても酒によって労われることはほとんどなかった。

本書で何度も引用してきたS.2575は、後唐・天成《てんせい》四年（九二九）三月六日の戒（結）壇榜（戒律を授ける儀式を知らせる立て札）であるが、その中には「斎《とき》について。新戒（受戒したばかりの僧侶）の食事は、一人当たり餪餅を二つ、餼餅を一枚、胡餅一枚、脖䬲《ほっとう》を一つ。検校《けんぎょう》大徳と新戒を同列に扱ってはならない。割り増しを行うのが礼儀であり、新戒の食事を標準として、さらに餪餅一枚、饊枝、䬲（蒸）餅、乳䬲、菜蔬《さいそ》、薺酪《せいらく》を加えた上で、公平に分配を行う。羹《かん》、飥《たく》、粥などの汁物は自由に食べてよい」と記されており、「検校大徳」と「新戒」の差が規定されている。榜文ではさらにこの点に関して申し開きがなされており、礼儀作法に従い、それを守るためにはここに記される人物らの食べ物の量を増やさねばならないと述べている。寺院で法事が行われる際に用意された僧侶の飲食物は種類が多く、精巧美味なものであり、さらに検校大徳は満足するまで制限なく好きなだけ食べることができたことが示されている。

衆生の平等を奨励する仏教の世界でも、実際には平等を実践できていなかったのである。人びとはいつでもどこでも伝統的な序列意識を保ち続けていた。

厳格な序列意識はまた鬼神の世界にも反映されている。

仏や菩薩、その他人間にご利益をもたらす神々に用意される供物は、量が多いだけでなく非常に質の良い精巧なものであった。例えば、「玉女娘子神」や「張女郎神」ら生産活動に関わる神の場合、毎年盛大な祭祀が行われ、その際には精巧に作られた供物が大量に準備された。一方、比較的身分の低い神霊の場合は、供物の量も種類も少なかった。中には、供物を準備しながら冗談混じりに「鬼神への供え物にはコメや麺の支出がかさんで仕方ない」と愚痴をこぼす者さえいたのである。

七

世俗と戒律の狭間で

僧尼の食事

仏教の伝来以後、中国では特殊な社会階層が発生することとなった。つまり、職業的仏教信者、僧尼である。宗教的戒律による制限は食事にもおよび、僧尼らは世俗の人間とは異なる食生活を送らねばならなかった。唐五代期の敦煌《とんこう》では仏教が非常に盛んで、信者の数は計り知れず、僧尼らの社会的地位は高く、彼らの食生活が敦煌の飲食文化の重要な部分を形づくっていた。多くの寺院経済文書からは、当時の僧尼は現在とは異なり、寺院の中に住んでいる限り、信者からの供物で暮らすことができていたらしいことが読み取れる。一方で、寺院の規定により食事は厳しく管理されていた。これは敦煌地域の特色で、僧尼の食生活は一般民衆とは区別がありながらも、また庶民と密接な関係にあったのである。

ただ、大部分の僧尼は寺院の中ではなく、在俗の家族とともに生活を送っていた。僧侶には一定の労役が課せられていただけでなく、時には兵役にも服さねばならず、このような暮らしが彼らの食生活にも影響していた。僧侶のうち寺院に住んでいたものは、自分で食事の準備をせねばならなかった。僧侶が日常的に食していたのはいわゆる「大鍋飯《ターグオファン》（大人数で分け合う大なべ料理）」ではなかった。在家僧侶の食事については記録が残されていないが、在俗の家族と一緒に住んでいる限り、俗世の影響は免れなかったであろう。以下に代表的な例を取り上げる。

1. 仏事での食事の提供

寺院での宗教行事や法事、各種労務の際、僧尼らが行っていた特殊な飲食活動について文書に記録が残されている。このような飲食活動は大きな寺院内で催されることが多く、集団で行われるものについての記録が比較的多い。

後唐・天成《てんせい》四年(九二九)陰暦三月六日、河西《かせい》都僧統洪䛒《こうべん》と海晏《かいあん》が方等《ほうどう》道場への戒壇の設置について榜文(**S.2575**)を発布している。その内容は戒壇設置期間中の僧侶の食事に関する規定である。

(前略)……受戒に応じる式叉摩那《しきしゃまな》・沙弥《しゃみ》尼らは、毎日の斎《とき》の際、総勢何人いるかに基づき、一日の食事を作り、配分する者は僧団に分かれて行う。朝から日が暮れるまで薬香湯を煮て、浄戒を守り沐浴《もくよく》して身を清める準備をする。斎について。新戒(受戒したばかりの沙弥)の食事は、一人当たり餤餅《だんぺい》を二つ、餼餅《きへい》を一枚、胡餅《こへい》一枚、餢飳《ほうとう》を一つ。検校大徳《けんぎょうだいとく》と新戒を同列に扱ってはならない。礼儀作法では割り増しを行うことになっているので、新戒の食事を標準として、さらに餤餅一枚、饊枝《さんし》、蒸餅《じょうへい》、乳餘《にゅうとう》、菜《さい》蔬《そ》、薺酪《せいらく》を加えた上で、公平に分配を行うのである。羹《かん》、飥《たく》、粥などの汁物は自由に食べることができる。

これが、敦煌の寺院で仏事行事が行われる際の食事管理の基本的な状況である。日ごろ大部分の僧尼は家族とともに生活していたが、大きな行事があるときだけは寺院に集まってきた。その際は、寺院が彼らの食事の面倒を見ていた。この榜文では僧団ごとに食事が作られると規定している。「新戒」に、一人当たり餤餅二個、餼餅一枚、胡餅一枚、餢飳一個が用意されている。ここに検校、大徳と新戒との差が見え、新戒には餤餅が一つ多く分配されている。その他、饊子、蒸餅、乳飳、薺酪や野菜のおかずは均等に分けられた。羹、餺飥《はくたく》、粥など流動食については量が決められていない。このような仏事での食事の管理方法は、敦煌で習慣化していたものと見なすことができる。筆者が計算したところでは、この分配量は僧侶らの普段の食事よりはやや多めである。

S.1267vi「年代不明（九世紀）四月卅日《さんじゅう》上座因仏事配物諮《し》」は、寺院が仏事の際に組織的に食事を用意し、分配していた様子がわかる非常に興味深い内容である。

一八人、一人当り麺《むぎこ》二斗五升（一斗＝一〇升＝約六リットル、小麦粉の場合は約六〇〇グラム）、コメ一升、ムギ一斗、柴一束、油一升、レタスと蘿蔔《らふく》菜（ダイコンのようなもの）一斗ずつ、サンショウとショウガを少しずつ。

饆饠《ひつら》はみなから提供された原料をもとに曇振《どんしん》が製造する。

煮油麺七斗五升。法幽《ほうゆう》、法潤《ほうじゅん》、栄照《えいしょう》。

餅麺一石二斗。玄照《げんしょう》は法進《ほうしん》、済法師《さいほうし》、妙行《みょうこう》からの麺を使って餅を作る。檀闍梨《だんじゃり》、済都講《さいとこう》それぞれ一斗。

胡餅用の麺一石一斗。離名《りめい》が一斗、自晏《じあん》、枢法師《すうほうし》、智原《ちげん》、法持《ほうじ》がそれぞれ二斗五升ずつ。

乳餅麺二斗五升。法郎《ほうろう》。

餺飥麺九斗。智円《ちえん》、智原が「勾当《こうとう》」し、檀、済、名、栄もそれぞれ麺一斗五升ずつ。

羹。妙行。

炊飯。自晏

（蔬菜の）おかず。戒栄《かいえい》。

敷物。都講法師、法進。

食器類。各人椀を五セットずつ。済法師、法持。
以上の物品は五月一日までに揃えて納めること。もし違反すれば、賠償させる。
法進、照法師、済法師、妙行。柴餅《さいへい》。
幽法師、枢法師、檀闍梨、法潤、栄照、名法師、済法師。煮油。
残りの六束は、塔が納めた……（後欠）

「以上の物品は五月一日までに揃えて納めること」の一文に基づけば、麺、油、柴、おかず、調味料などは上述の人びとによって上納されるものであることがわかる。必要な量を計算してみると、麺四・五石、米一八斗、柴一八束、レタス、蘿蔔菜各一八斗、サンショウやショウガが少しずつとなる。おそらく仏事に参加する僧侶は一八人いたのだろう。その中に饆饠は含まれておらず、曇振が準備している。法幽ら三人は煮油麺七・五斗を持ち込み、玄照は一二斗の餅を作っているが、それに使う麺は法進等が用意したものである。胡餅用の一一斗の麺は自晏ら五人が負担しているが、そのうち自晏ら四人はそれぞれ二・五斗ずつ、離名は一斗である。二・五斗の乳餅は法郎が、九斗の麺を使った餺飥は智円と智原が分担製造している。その原料となる麺は智円、智原、檀、済、名、栄の六人にそれぞれ一・五斗が割り当てられている。羹は妙行が担当である。ここで一言説明を加えておかねばならないのは「勾当（主管する、処理する）」という語である。おそらく餅類の食品はすべて予め各自の家から完成品のかたちで持ち込まれていたが、餺飥に関してはその場で作られたため「勾当」と記されたと考えられる。

また、仏事に伴う飲食活動でも役割がはっきりと分けられており、ご飯は自晏、おかずは戒栄、会場の準備は都講法師と法進が、食器の準備は済法師と法持が担当している。
S.4687「乾元寺《けんげんじ》董法律等斎餅暦」にもまた「一人当りカブラ一升、ダイコン一〇本」と見え、寺院での仏事の際は僧侶らがそれぞれに割り当てられた食品を用意したものと考えられる。

2. 労務のまかない

寺院においては、うすひき、ネギの苗植え、施肥、蔬菜の収獲、庭の手入れ、決算、傘を縫う、料理を作るといった作業があったが、僧尼がこれらの労務に服した際には、寺院からまかないが提供されていた。まかないとして提供される食事は仏事の時のものと比べると、質・量ともにやや劣るもので、主食の原料には粗麵が用いられることもしばしばであった。労働者をねぎらうために、少量の酒が用意されることもあったが、それでも全体として食事の内容は仏事の時には及ばず、提供される食事の中身は胡餅(往々にして粗麵を原料とする)、糕《こう》、水餅《すいへい》、菜餅《さいへい》などであった。ただ、年末の決算時に関してはやや異なり、他の労務の時に比べて良いものが準備された。これは、会計や保護預かり業務は寺院内でも上級の管理人によって行われるものであったことによると考えられる。寺院で、うすの修理、彫刻や塑像の製作、仏像の修復・修理、菩薩の頭冠の取付などのために職人を雇う場合も、やや上等な食事が用意され、比較的丁重にもてなされていた。

大半の僧侶は普段寺院に暮らしてはいなかったが、人手が必要な際には寺院に出向き、寺院内に常駐する僧侶らを手伝っていた。寺院によっては荘園を有し、羊の飼育なども行っていた。仏事の際には法

［図96］
莫高窟第二三六窟
斎僧図

器などの準備もせねばならない。住民への食糧や種の貸出、喜捨されたものの受け入れ、毎年の決算報告などの経済活動もあった。このような場合には寺院が彼らの食事を世話していたのである。

3. 斎僧供養

集団での飲食活動のほか、僧侶らは世俗からの供物も受け取っていた。仏教経典中には「僧供」あるいは「僧供養」の文字が見える。仏教経典では、僧尼を供養すれば、その功徳は無量であると説かれている。僧供については、文字資料中に多くの記述があるだけでなく、壁画にも非常によく描かれる。図96は莫高窟《ばっこうくつ》第二三六窟の斎僧図である。四人の僧侶がそれぞれ異なる装束に身を包み、建物の壇上に座っている。その前には敷物が敷かれ、食べ物が置かれている。テーブルスカートが取り付けられた大きな食床には高脚盤がふたつ置かれ、その中にはそれぞれ蒸餅と饊子が盛り付けられている。横にはまた三脚の樽《そん》がひとつあり、女性がその傍らに跪き、食べ物を調理している。また別に蒸餅を盛った盤子《ばんし》を高く持ち、僧侶のところへ運ぶ

［図97］莫高窟第一二窟　斎僧図

［図98］莫高窟第二一七窟　斎僧図

男性の姿も描かれている。

先に取り上げた莫高窟第一五九窟の斎僧図［→図56・図63　八一頁・一〇二頁］、莫高窟第四五窟［→図30　五五頁］でも食床にずらりと並ぶ料理が確認できる。

図97は莫高窟第一二窟に見える一幅の斎僧図であるが、斎僧の様子だけでなく、放生《ほうじょう》や燃灯の様子も描かれている。寺院の門外には、施主である一組の夫婦が鳥を逃がし放してやろうとしている姿が見える。またひとり、手に一匹の羊を牽き、寺院に布施しようとしているものもいる。寺院の中では四人の僧侶が廊下に座っている。その前には敷物が広げられ、庭にはテーブルスカートが取り付けられた大きな食床が設置されているが、料理はまだ並べられていない。四人の僧侶は施主が食べ物を布施するための場所をしつらえるのに忙しくしている。

図98は莫高窟第二一七窟に見える斎僧図である。廊下には朱い袈裟《けさ》をまとった僧侶が四人おり、それぞれの前には敷物が広げられ、食べ物が置かれている。その左下にも二人の僧侶の姿があり、彼らの前にも鉢と高脚の碗がはっきりと描かれている。右下に見えるのは、男女の施主である。男性の施主は右手に盤、左手に壺を持ち、女性の施主は両手で盤を運んでいる。自宅あるいは厨房から僧侶のところに

向かう途中なのだろう。

ここまで見てきた中で、施主が僧侶の供養を行う方法は二通りある。ひとつは食べ物や供養の品を寺院に渡すという方法、もうひとつは僧侶を家に招いて供養する場合である。

文献中にはさらに多くの記録が残される。

まずは官斎供養から見てみよう。

「官斎」というのは、形式上官府が僧侶を供養するもので、地方政府が宗教に対する信仰を具体的なかたちで現すために行う供養法会である。P.3231「癸酉年至丙子年（九七三～九七六）平康郷《へいこう》官斎籍」中の七点の文書は、敦煌平康郷（「郷」は当時の敦煌の行政単位）で西暦九七三年から九七六年までの四年間に行われた官斎に関する記録である。

比較的規模の大きな供養が幾度か行われており、文書からは毎年少なくとも二回は実施されていたことがわかる。官斎が行われたのは、（癸酉年）九月三〇日、（甲戌年）五月二九日、一〇月一五日、（乙亥年）五月一五日、九月二九日、（丙子年）五月一五日で、いずれの場合も月中あるいは月末が選ばれている。月中や月末というのは布薩《ふさつ》日に当り、僧侶らが集まる日であった。それに合わせて官斎供養が行われていたのである。

文書に残された記録によれば、官斎では胡餅、䭔餅、餜餅、蒸餅、羹飥《かんたく》、餢子《たいし》、菜模子《さいぼし》、糕糜《こうび》、漿水粥《しょうすい》といった蒸し物や揚げ物、汁物を含む九種の食品が提供されていた。「煮菜頭」の職務範囲から考えると、別に揚げ物・炒め物を担当する人間がいたと考えられる。また、これらの食品は、当時の敦煌で日常的に食べられていた主食に比べて上等なものであった。特に、餜餅、䭔餅、蒸餅、餢子は高級品に属するものである。さらに、僧侶一人当たりに分配される食品の数量についても、普段より多かった。

七点の文書の中で、毎年の官斎供養を受けていた僧侶は一七二名であるが、この数はおそらく平康郷の管区にいた僧侶全員であると考えられる。

準備された器具からは、官斎における飲食活動の概要を知ることができる。例えば、盤子、食単、浄草、食布などは専門に管理する者が存在したことを示唆している。盤子には牙盤と送盤の二種類があり、後者は料理を運ぶためのもので、比較的大きな長方形をしており、敦煌の壁画にも描かれていることは本書でもすでに紹介した通りである。このような送盤は、中国西部において現在でも同じように使われている。また牙盤については主に料理の盛り付けに用いられていた。

また、右に挙げた器具は、供養の際、僧侶らが座る傍らに置かれた食単に、供養者が一定の量に盛り分けた料理を送盤で運び、提供していたことを示している。浄草は、手を拭うために用いられる何らかの植物である。僧侶らが斎飯を食した後、手に付いた油分を拭き落とすために用いたものであり、ちょうど先に示した図中に見られる光景と同じようなものであろう。

官府だけでなく、個人で行われる供養も少なくなかった。無病息災の祈願、亡き親族の追善、功徳を積むといった目的で、僧侶らを招き供養を施していた。

例えば、P.2704「後唐長興《ちようこう》四年至五年(九三三〜九三四)曹議《そうぎ》金《きん》迴《え》向疏《こうそ》」に記される計四点の文書はいずれも曹議金の病気の回復を願うものである。そのうち二回は斎会が設けられている。一回目は長興四年一〇月九日に「大衆に七日間転経を請い、一五〇〇人に斎食を施し、僧侶七人を済度」している。二回目は長興五年五月一四日で、「大衆に七日間転経を請い、一六〇〇人に斎食を施し、僧侶一四人を済度」し、同時にムギ・アワ・マメ三〇石、ゴマ三・二石を施捨している。一五〇〇～一六〇〇人に斎食を施すというのは、前例のない非常に大きな規模の飲食活動である。敦煌の寺院に籍を置く僧侶はみな参加していたのかもしれない。

この二回の供養の直接的な目的は大病を患う曹議金のための加持祈祷である。

また別に次のような請僧供養疏も残されている。欠損部分もあるが、当時の請僧供養の様子を読み取ることが可能である。

まず、P.4723「請大雲寺《だいうんじ》教授闍梨等就院小食供養疏」を引用する。

……（前欠）……
大雲寺より教授、闍梨、翟《てき》上座闍梨、羅闍梨、李都闍梨、曹……をお招きし、……。
明日寺院に赴き小食供養を行います。……ご参加いただければ幸いです。
一一月…日……

当時の請僧供養を行う際は、まず案内状を送るのが正式な手順であったようである。案内状には、僧侶の名簿、時間と場所などが記されている。人びとが供養をいかに重視していたかが伝わってくる。

追悼供養の場合も案内状が出されていた。ここに示すのはP.3367である。

三界寺《さんかいじ》　御中

張僧政和尚、班首大師、李大師らお三方、董《とう》僧政和尚、周僧政和尚、陳僧政和尚、劉判官闍梨、張判官闍梨を謹んでお招きいたします。今月二五日、拙宅にて、亡き息子・押衙《おうが》の小祥の追善供養を相営みたく存じます。御来臨いただけますよう伏してお願い申しあげます。謹んで申し上げます。

己巳年八月二三日　弟子・都押衙・宋慈順《そうじじゅん》　疏

文献資料・図像資料から見えてくるのは、斎僧あるいは供僧に関する以下のような二つの状況である。まずひとつめは、仏教への信仰心から僧侶を家に招き、一度の食事、一日、ひと月、あるいは更に多くの期間に渡って供養を行う場合である。もうひとつの状況は、物品を寺院に布施する場合である。食品に限って見てみると、その多くは加工をしていない穀物であったが、炒麺など加工済の食品が布施されることもなかったわけではない。

4. 節句・解斎

節句というのは、民俗・文化の重要な部分を占め、社会に広く伝承される習俗である。俗世から離れ出家した者、またそれらが属する寺院というのは、本来民間に伝わる節句とは一定の距離を保つものである。しかし敦煌の寺院や僧尼はそれに相反し、積極的に節句の慶祝行事に参与し、節句にちなんだ飲食活動を行っていた。これも無理のないことで、ほぼ全住民が仏教を信仰する敦煌の社会においては、仏教由来の特殊な年中行事も全住民のものとなっており、民間の伝統行事も仏教の記念日と結び付けられ、宗教的なものとしてとらえられていたのである。中国の年中行事は食にまつわる活動が中心を占めており、寺院や僧尼も行事食であることを口実に、普段とは異なる御馳走を口にしていたのである。どのような節句があったか、以下順に紹介する。

●大歳

大歳とは年越しのことで、中国で最も重要かつ伝統的な節日である。敦煌文献では「太歳」と表記されることもある。この日は寺院の和尚、尼僧も斎戒を解き、平常に復した生活を送る。

寺院では積極的に大歳の活動が行われた。この期間は寺院での食事の状況も普段とは異なり、僧侶や労務に服する寺戸に対して「節料」という特別な手当てを支給し、皆が良い年を迎えられるよう取り計らわれた。「節料」とは節句を祝うための食料をいい、具体的には酒、油、麺、酥《そ》油《ゆ》などが含まれていた。例えば、S.1519(2)「辛亥年(八九一あるいは九五一)一二月七日後某寺直歳法勝所破油麺等暦」には「(大歳日に)また酒四甕《おう》を各和尚の節料として用いる」、P.2642「年代不明(一〇世紀)諸色斛《こく》斗《と》破用暦」には「(一二月)二九日、酒二甕を大歳の節料として用いる」、P.2032vには「ムギ九斗、アワ一石二斗、醸造した酒を大歳の節料として配るために用いる。油四斗四升を大歳の節料として配るために用いる」、P.2040vには「油五升を衆僧の節料として配るために用いる。油一升半、義《ぎ》員《いん》と恩《おん》子《し》の節料として用いる」、S.1053vには「アワ二斗、皈《き》皈《き》の大歳の節料として用いる」と見える。このうち、義員、恩子はいずれも寺戸、皈皈は寺院の牧羊人で、年越しが近付くと、彼らは油やアワを「節料」として受け取っていたのである。

資料からは、大歳の間、僧尼も特別に「解《げ》斎《さい》」が許されていたことがわかる。「解斎」とは飲食に関する戒律を解くことを意味し、敦煌では主に「午の刻を過ぎたら食事をしない」という戒律を一次的に解くことを指した。寺院に住む僧侶らが普段守っている斎戒を解き、少し贅沢な食事を取ったり、一日三食口にしても構わなかった。また、彼らはこの時期、官府にも出入りし、食事を作って納めたり、官僚らに祝賀のあいさつをしたりしていた。この時用意される食べ物は「歳盤」とも呼ばれていた。おおみそかの夜には、亡くなった和尚のための追善供養も行わねばならなかった。

また僧侶らは、大歳の期間中宗教活動にも従事していた。例えば、正月一日は寺院で「賽天王（天王の祭祀）」という活動があり、まちの東西南北にある四つの門に設置された壇で転経（経典を読誦すること）することになっていた。「四門転経文」（S.5957・P.2838・P.3765）には次のように記されている。

> いま、八方に浄壇を置き、四周に仏の図像を懸け、中央に仏頂の場を設け、僧衆は『蓮華』の部を転ずる。

転経の時間については S.5957・P.2838・P.3765「転経文」に以下のように示されている。

> そもいまこのときは、春は三月の最初のついたち、四つの季節のはじめの分かれ目。陽気がまたも巡り来て、陰気は雲間に消え去りぬ。残雪は白き雲とも相なごみ、ふくらむつぼみは柳とともに新たなり。僧徒は四台に読経して、灌頂《かんじょう》（頭に水を灌《そそ》ぎかけること。仏教儀式の一）、方術すでに七日を経たり。

歳日の間、僧侶らも酒を飲んだため、寺院では大歳の前に「節料」や「醸造酒」を支出し、歳日の解斎時に口にできるように準備したのである。例えば、P.2032vには「ムギ九斗、アワ一碩（一碩＝一〇斗＝約六〇リットル）二斗で酒を醸造し、冬至の節料として僧衆に用いる」「油四斗九升を大歳に僧衆の節料として用いる」といった記録が残されている。

◉正月一五日

寺院や僧侶らにとって、正月一五日の燃灯節は歳日よりさらに重要で盛大な節句であった。正月一五日の前日には、僧侶らは石窟に参り燃灯して法会を行ったが、地方によっては神や天王を祭る儀式も行われた。これら一連の活動には飲食も含まれている。

この日は帰義軍のトップも石窟に参り、灯されたあかりを見て、仏像を拝む、あるいはまた別の仏教儀式に参加するなどした。そのため寺院は彼やその従者に食事を用意し、また官府に食糧を上納した。

敦煌における燃灯節は、地域を挙げて行われる娯楽性を持つ祭りであったようである。

◉二月八日

敦煌では、二月八日は「行像《ぎょうぞう》」を行う重要な日であった。この日は衆人みな集まり、着飾った釈迦仏の像を担いでまちの中を練り歩いた。「仏像が四門から出て、まちを一周ぐるりと囲む」（S.6172）と描写されるその様子は、ブッダの「四門出遊《しもんしゅつゆう》」を表し、仏法を広く世に示さんとするものである。P.2237「二月八日文」には「クライマックスは、法王が（城を出て）回地され、如来が真理を明らかにされる場面である。宮殿の奥深く五欲への執着を見、王城の東西南北の四つの門から外出し、それぞれの門の外で、老人・病人・死者・修行者に出会って発心し、沙門《しゃもん》となって出家する。王である父が止めようとすると、夜中に密かに宮殿を去り、足跡を残さないように、まちを取り囲む城壁を越えた」とあり、儀式は主に三つの部分から構成されている。まずは「起仏衣」で、仏像に衣を着せ、着飾る。つぎに「耽《たん》仏行城」で、仏像を担いで四門を出て遊歴し、その道中で布施を受ける。最後は遊歴の儀式が終了した後の「収仏衣」で、仏像の衣を解く。まちを練り歩く際には同時に燃灯や「踏《とう》悉《しつ》磨《ま》遮《しゃ》」と呼ばれる舞踊などが行われ、この儀式を盛り上げ、気分を浮きたたせていた。こうして、一連の活動は娯楽を伴う大衆的な節日となっていたのである。また、ここでも飲食活動は欠かせないものであった。寺院は行像の準備のために職人を雇い仏像の修繕作業を依頼した際や、また行像に参加する「耽仏人」「擎《けい》仏人」「侍仏人」といった行像社人のためにも一定の食べ物と酒を用意している。

支出された未加工の穀物や加工済みの食品について、一部が行像当日に消費されるほか、多くの穀物は手間賃として支出されたものである。

「起衣」「収仏衣」の儀式では祝賀の料理が用意された。

「行像」の儀式は所要時間が比較的長く、耽仏人は練り歩き終わるまでに途中で食事を取る必要があり、寺院は彼らの昼食を負担していた。

ここで指摘しておきたいのは、行像はすでにまちを挙げた街頭活動となっており、行像の際には隊列を組み、脚を踏みならしてリズムを取りつつ、歌を歌った。このような舞踏は「踏悉磨遮」と呼ばれていた。文書には帰義軍が「郎君」(帰義軍衙内のトップに対する呼称)の「踏悉磨遮」のために一頭の羊を支出した記録も残されており、官府もこの活動に参与していたことがわかる。

⊙寒食節

これは飲食にちなんで命名された、冬至から数えて一〇五日め（一説には一〇三日め）、清明節《せいめいせつ》の一〜二日前にあたる中国の伝統的な節句である。仏教とは関係がないものの、敦煌の僧侶らは熱心に寒食節を過ごしていた。この日の彼らの食事の状況については多くの文献に記録が残る。

寒食節のとき、寺院では節句の宴会（「設座」）に参加する僧侶のために、麺や油を支出して饊子、餢飳など上等の食べ物を用意していた。また別に、祭祀礼拝活動のための「祭盤」も準備せねばならなかった。加えて、酒戸らには油や麺などを節料として支出する必要もあった。

饊子は「寒具」の異名を持ち、寒食節を代表する食べ物であった。寺院が寒食節に饊子を作っていることから、積極的に民間の風習を取り入れ活動を行っていたものと考えられる。

寒食の期間、寺院の僧侶は酒を飲むことが許されていた。飲む、食べる以外にも、おどりや音楽も楽しんでいた。S.381には「大蕃歳次辛巳（八〇一）閏二月二五日、寒食なのでまちの官僚や百姓が龍興寺《りゅうこうじ》に向かい、音楽を楽しんだ」と記されている。寺院で音楽会が開かれるときには、僧侶も民衆と一緒になって楽しんでいたものと考えられる。S.4705は寺院の支出帳簿であるが、その中には「寒食の踏歌に羊の代金としてムギ九斗、麻四斗を支出し……また音声にはムギとアワ二斗を支出した」とあり、踏歌の際には羊を殺さねばならず、寺院ではムギや麻と交換に羊を手に入れていたことがわかる。また「音声《おんじょう》」の人件費はムギ・アワ二斗であったらしい。

⊙端午節

端午節もまた仏教とは関わりのないものであるが、敦煌の僧侶らは非常に気にかけていた。S.6233vaには「五月四日、ムギ五斗を黒女に付す。節料に充《あ》てる。また同日、黒女に酥一升を付す。これは換算するとムギ二斗になる」とあり、端午の節句の前日に寺院が「黒女」という名の人物にいくらかの穀物と酥を支出したことが記録される。明らかにこれは節日のために支出されたものである。黒女はおそらく寺院に常駐する者で、料理人として働いていたものと考えられる。支給された穀物と酥の分量から判断して、これは節日の「節料」であったはずである。

⊙仏盆節

仏教関係の年中行事の中で、仏誕節に次いで重要なのが七月一五日の「仏盆（盂蘭盆《うらぼん》）節」であり、飲食活動と非常に関係の深い節句である。『盂蘭盆経』によれば、釈迦の弟子である目連が、母親が地獄に堕ち、逆さ吊りなどの刑を受け苦しんでいるのを見て、釈尊に救いを求め、釈尊は彼に夏安居《げあんご》の終了する七月一五日に、出来る限りの食べ物を用意し、十方の僧衆を供養すれば、母親を苦しみから救うことができると伝えた、という。盂蘭盆会の起源はこの故事に由来し、のちに先祖の追善供養を行う一種の民間信仰として一般に広まった。

仏盆節は寺院においても重視されていた。この節句における造食活動は、造仏盆と造破盆から構成される。用いられる麺や油の量は寺院ごとに異なるが、浄土寺では一回当り三〜四・五石を使っている。これを上回る寺院もあり、多いものでは四〇石にも達している。P.6002（1）には「麺三碩九斗五升、油二斗六升半、アワ四一碩四斗、以上七月一五日の仏盆・破盆などに用いる」「ムギ三斗、アワ三斗、七月一五日に酒を購入し、官府に上納するために用いる」と見える。「仏盆」と「破盆」というのは二つの異なる概念である。「仏盆」を製作するのは一五日で、「破盆」の儀式(盂蘭盆の終りを告げる行事)が行われるのは一般に七月一六日あるいは一七日である。また、往々にして「破盆」では「仏盆」に比べて多くの材料が用いられており、「破盆」を作ると同時に酒も支出されている。

ウリは敦煌の特産品であり、仏盆節のころに各種ウリがちょうど食べ頃をむかえる。そのため、七月一五日には「五果(桃・李・杏・棗・栗)」の代わりにウリが供えられた。盂蘭盆の期間中、僧侶らは石窟に参り、供養を行い、寺院では破盆を作り、酒を購入して官府に上納している。

仏盆節に準備される食品については、P.2040v に記録があり、餢飳と臛《かく》が中心である。仏盆の製作に関して、文献中では「(油で)煮る(=揚げる)」という表現が用いられており、仏盆として用意される食品は主に揚げ物、つまり餢飳であったと考えられる。敦煌では餢飳に似た揚げ物は、臛のような汁物と一緒に食べられることが多かった。そのため、臛も仏盆節を代表する食品となっていた。

⦿冬至

冬至は二十四節気のひとつであるが、敦煌の僧侶はこの日を特別な日として祝い、寺院も僧侶の「解斎」を許していた。また同時に、一定量の「節料」を支出し、僧侶のために節句の特別な食事を準備した。ほかの節日と同様に、冬至にも集団での飲食活動が行われていたのである。

僧侶らの冬至の祝いにも酒を欠かすことができなかった。P.2049vb には「アワ九斗、僧官の節料や衆僧の祝賀用の酒を醸造するために用いる。アワ九斗を僧官の節料や衆僧の挨拶回り用の酒を醸造するために用いる」と見える。冬至には慣例に従い、僧侶らは「解斎」が許されていた。

◉臘八節

臘八節《ろうはちせつ》には、寺院では麺や油、酥を支出し、「薬」を作っていた。S.1519 (2) には「油七升、酥半升を(一二月)八日に霊薬を食するために用いる」、P.2040v には「油半升を臘月八日に薬を作り食べるために用いる」、P.3234v (2) には「一二月八日、薬を作り食べるために油半升を用いる」S.5008 には「油一升を臘八に薬を作り食べるために用いる」と見える。また、この日僧侶らには「解斎」が許されていた。P.3875v には「一二月八日、解斎用に麺六斗、炒臛用に油一升、䭔餅用に麺二斗、胡餅用に麺三斗、餢飳用に麺一斗」とある。

ここまで、特定の節日における寺院や僧侶の飲食の状況について見てきた。寺院や僧侶は、仏教行事では主催者として参加・活動していただけでなく、民間の伝統行事にも参加していた。俗世間での社会生活との関係を完全に断ち切ってはいないことがわかる。

5. 客人の送迎・接待

寺院は宗教組織であり、僧侶はそこに所属する職業宗教者であるが、世俗の社会関係・人間関係から完全に独立し、関係を断ち切ることはできなかった。機会あるごとに世俗社会と関わりを維持していたことが、飲食活動中にもはっきりと現れているのである。

まず、仏教教団と帰義軍政権の相互依存関係について、寺院での飲食活動の様子を見てみよう。帰義軍節度使ら統治者層はしばしば寺院を訪れていた。焼香や拝仏、願掛け願解き、布施などその目的はさまざまであった。于闐などからの使者の石窟参拝の付き添い、開窟の状況の視察などのために訪れることもあった。彼らの訪問は、寺院や石窟にとって一大事であったにちがいない。大勢の人間を動員して食べ物の準備、酒の醸造や購入に当たらせ、接待や送迎の手筈を整えたのである。その様子は文献中にもしばしば記録が残されている。例えば、S.4899には「アワ二斗で酒を購入し、寺の門で阿郎《あろう》を迎えるために用いる」「三月、アワ三斗を彭頭《ほうとう》が阿郎を迎えるために用いる」、P.2040vには「麺一斗五升を小食を作って司空を見送るために用いる」、P.3234viには「麺一斗を兵馬が帰るとき小胡餅子を作るために用いる」「麺一斗を兵馬が来たとき小胡餅子を作って城外にて迎える人のために用いる」、P.2049vbには「ムギ一斗を令公が東に向かうのを送る時、尚書が帰ってくるのを迎える日に諸老宿《ろうしゅく》が胡餅を買うために用いる。ムギ四斗を酒を醸造し、令公が戻るのを迎える門徒らに用いる」「油二升を令公が戻るのを迎える時に衆僧が食べる食事を作るために用いる」と見える。

6. 食べ物の種類

僧尼はどのようなものを食べていたのであろうか。世俗の人間とはどのような違いがあったのであろうか。これらは読者の皆さんも関心をお持ちのテーマではないかと思う。ご承知のように、食事に関する様々な戒律は、宗教従事者と一般民衆の大きな違いのひとつとして挙げることができ、それは仏教においても例外ではない。さて当時の敦煌ではどのようであったのだろうか。

寺院文書からは、敦煌の僧侶らが口にしていた食品の種類は非常に豊富で、すでに述べた通り、胡餅、蒸餅、煎餅、索餅、餄餅《こうへい》、環餅、白餅、餪餅、餼餅、焼餅、油胡餅、梧桐餅《ごとう》、菜餅、水餅、䭔餅、黏米《ねんまい》餅、𩜓餅《しょうへい》、薄餅、䭢餅《せつへい》、籠餅《ろうへい》、渣餅《さへい》、餅餤《へいたん》、餅䭕《へいたん》、餢飳、饅頭、菜模子、饆饠、糕糜《こうび》、饊枝、餣頭《ねんとう》などであった。このほか、餺飥や水麺、炒麺、飯、冷淘《れいとう》、餛飩《こんとん》、煮菜麺、糌粑《さんは》、粽子、煮油麺、粥（麺粥、白粥、ムギ粥など）、羹、臛、黍臛などその数は数十種にものぼる。灌腸麺《かんちょうめん》など肉を使った料理を僧侶が食したという記録がないのを除けば、その他は俗人と何ら異なるところはなかったのである。

これらの食べ物の中で最もよく食べられていたのは胡餅である。胡餅はまたその原材料によって、油胡餅、細麺胡餅、粗麺胡餅などに数種に分けることができる。僧侶らが節日や仏事の際に食べていた胡餅は細麺を使ったもので、普段の労務に対して支給される胡餅は、ほとんどが粗麺で作られたものであった。一人当たり半升の麺から作られる胡餅一枚を基準として与えられていた。これはちょうど一人一食分の分量である。

僧侶らが仏事や労務の際に食していたものとして胡餅の次に多いのが餺飥である。餺飥の原料や作り方、形状については学者の間で意見がわかれており、その全容は今も明らかになっていないものの、スープを伴う麺食であったということだけはほぼ共通の認識となっている。文書からは、解斎時の夕方に餺飥がよく食べられていたことがわかる。また、朝ごはんとして食されることもあったようである。

焼餅、餪餅、餼餅、䭔餅、⿰飠截餅、饊子などは、大規模な仏教行事や帰義軍のトップを招いた飲食活動の中で食べられていたものである。

寺院で食べられた粥には、白粥、麺粥、麦粥、豆粥などさまざまな種類があった。麺粥は揚げ物と一緒に食べられるのが一般的であった。敦煌の人は、脂っこさを解消するために酢で味を調えた麺粥を好んでいた。僧侶が亡くなった際の葬儀や遺骨を埋葬する儀式で食べられる粥は主に豆粥であった。葬儀・埋葬の期間に豆粥を食べる習慣は非常に古くから存在し、現在でも河西地方の一部地域に残っている。

その他、僧侶が好んで食した羹・スープ類に臛がある。筆者個人の考えとしては、肉の入っていない蔬菜のスープのたぐいであったと考えている。揚げ物である餢飳とともに食されることが多いことから、脂っこさを軽減する効果を持っていたと推測する。専門家によっては、敦煌の僧侶が食べていた臛には肉が使われていたとの意見もある。この点に関してはさらなる検討が必要である。

白粥というのはアワだけを原料として作られる混じりけのない粥であるが、これが食べられていたことを確認できるのは僧侶らが集団で食事をする大規模な飲食活動の中においてのみである。

八

建ち並ぶ飲食店

敦煌の飲食業

飲食店が建ち並ぶ風景は、しばしばその都市のシンボルとなりうる。敦煌《とんこう》はシルクロード東西交易の要所であり、貿易活動が盛んで、飲食業も非常に発達していた。この様子を直接伝える文献資料は少なく、その全貌を知ることは容易ではないものの、社会経済文書などからその一端を垣間見ることはできる。

敦煌は漢代より東西交易の中心地として、胡漢の商人が行き交い、商業が非常に発達していた。唐代には商いを行うための専用の市場、それを経営管理する機関が設けられ、市場での価格を監理する「市《し》壁師《へきし》」と呼ばれる人員が配置された。敦煌では唐代前期にはすでに市場での商売が盛んに行われており、品物ごとに取り引きする商店（市行《しこう》）が細かく分けられていた。また、晩唐から五代、宋代にかけてさらに細分化が進むことになる。P.3468「駆儺《くだ》文」には、当時の市行の様子が次のように表わされている。「皺《しゅう》店（革靴を売る）や章店（未詳）がまちの至る所にあり、餑《ほっ》や稭《かつ》（穀物の粒を穂から取った後の茎。わら）を扱う業者が商店に溢れている（皺店章店、匝於城市。餑行稭行、溢於鄽肆）」。敦煌のまちにはさまざま商店が建ち並び何でも揃っていた様子、にぎやかな活気に溢れる光景が目に浮かぶ。

1. 酒肆

敦煌では酒肆、つまり酒を売る店のことを「酒店」と呼び、酒の製造販売を一手に担う「酒行《しゅこう》」も遅くとも唐代中期までには現れている。P.4979から酒行は酒業を管理する機関であったと推測される。市場の管理を請け負うだけでなく、規制や監督も担っていたらしい。敦煌の酒市場は、この時期にはすでに成熟した規範的市場を形成していたのである。販売される酒の量とその醸造のために用いられた原料の量

文書番号	書写年代	酒店主	文書番号	書写年代	酒店主
P.3774	821	斉家酒店	S.6452e	981-982	郭法律店
S.6452a	981-982	氾家酒店	P.2049va	925	馬家
S.6452c	981-982	氾法律店	P.2049va	925	羅家
S.6452c	981-982	丑達	P.2049va	925	寒苦
S.6452c	981-982	郭残友	P.2049va	925	願真
S.6452e	981-982	塩子磨	P.4697	941?	康家店
S.6452e	981-982	劉万定店	S.5050	10世紀	趙家酒店
S.6452e	981-982	富昌	S.5050	10世紀	集子
S.6452e	981-982	氾押衙店	P.4906	10世紀	集子
S.6452e	981-982	興子店	P.3005		何家店
S.6452e	981-982	幸通店	P.3005		陽家店
S.6452e	981-982	定員店	S.6452c	981-982	少氾家
P.3212	辛丑年	石家店	P.3738		石家店
P.4906	10世紀	酒戸安富子	P.4907	930?	曹富員
P.2032v	後晋時期	郭慶進	S.4642	10世紀	石狗狗
S.4642	10世紀	胡灰子	S,4642	10世紀	張員定
S.4649	970	石墨児	S.4649	970	李流徳
S.4657	970	員昌	S.5008	10世紀中期	李延徳
S.5039	10世紀	承恩店	S.5039	10世紀	史丑煞店
S.5039	10世紀	丑子店	S.5039	10世紀	史盈子店
P.4907	930?	楊七娘子	S.4899	918あるいは978	李定友
S.2894vb	972	安家酒店	S.2894vp	972	曹家酒店
P.5883		庚神神	S.1519a	891あるいは951	郭没支

が一致していることから考えて、公正な取引が行われ、市価も一定に保たれていたに違いない。

敦煌文書中に記される酒店や酒戸はのべ四〇軒にものぼる。次の表に列挙した酒店は四六軒であるが、重複するものを除いても三五軒を下回ることはない。また、この数字にはP.2049vaに浄土寺《じょうどじ》とマメとアワを交換したことが記録される馬家盈《まかえい》、寒苦《かんく》、石婆《せきば》、灰子《かいし》、馬鶻子《まこつし》、王章仵《おうしょうご》、曹留住《そうりゅうじゅう》といった私営の造り酒屋は含んでいない。これらの酒店がすべて同時期に存在したわけではないが、人口が二~三万人ほどであったことを考慮すると割合としてはやや高い。酒屋がずらりと並び、酒の香りが立ちこめる情景が想像される。

酒戸に対する帰義軍《きぎぐん》政権と寺院の規制が緩まるにつれ、私営の酒造業が発展し、空前の繁栄をもたらすこととなった。酒店は帰義軍衙内《がない》に酒を提供するほか、マメや柴を酒の原料と交換し、経営を維持するために生産の拡大を図っていた。

調査したところ、当時酒を醸造するために用いられた原材料は一甕《おう》当たりアワ七斗(一斗＝約六リットル)、あるいはムギ九斗であった。それに対し、醸造された粟酒、麦酒はそれぞれ一甕当たりアワ一二斗、あるいはムギ一二斗と交換に販売されていた。このように酒店は酒の販売により五斗のアワあるいは三斗のムギを儲けていた(なお、この数字にはふすまを含まない)。この高額な利益により、酒業はますます発展していくこととなるのである。

資料には僧侶や地方官僚がたびたび酒店に足を運び、酒を飲んでいたことが記されている。酒店は酒類の製造と販売のみならず、酒の肴や食事も提供していたらしい。さもなくばこれほど多くの客が通うはずがない。敦煌には、そこに暮らす人びとが必要とする以上に多くの酒店が並んでおり、その一部は外からやってくる商人や使節、旅客を相手にしていたのであろう。人口数万人の敦煌に何十軒もの酒屋が林立する理由は国際商業都市としての敦煌の特徴にあるのである。

五〇近い酒店、酒戸のうち、何、史、安、石、曹などのソグド人あるいはその他の龍家（当時河西地域にいた部族の一）を含む「胡人」が大多数を占め、ソグド人が酒業でいかに優位にあったかが見てとれる。長く貿易に携わり、利益に貪欲であったソグド人たちは酒店の経営においても成功を収めていたのである。

帰義軍期に敦煌の酒業の繁栄は頂点に達する。酒店では小売りだけでなく、店先で飲む客への提供も行っていた。当時の敦煌では貨幣経済は浸透しておらず、物々交換が主であった。酒店は穀物や品物と交換に酒を販売し、利益をあげていた。寺院など大口の顧客を相手に、市場価格より安く酒の醸造を請け負う者さえあった。利益は減るが、長期的に安定した収入を確保できるため、酒店間の生存競争に勝ち残るための戦略として有効であった。また時には常連客に対して掛け売りも行った。文書には、多くの僧侶が酒店に出向いて酒を飲んでいた様子が記される。壁画にも店内で酒を楽しむ客の姿が描かれる。酒店は、融通を利かせた臨機応変な経営戦略を展開していたことがよくわかる。

中原の文人らに「胡姫《こき》当壚《とうろ》（胡姫が酒を売る）」と称えられる風景は、おそらく敦煌では日常的なものであったと思われる。「胡姫当壚」あるいは「胡姫《こき》侑酒《ゆうしゅ》（胡姫が酒をすすめる）」というのは、ソグド人経営者にとって酒店を繁盛させるための最高の手段であったに違いない。店には客のために歌を歌う音声《おんじょう》（詳しくは後述する）もいた。

数多くの酒店の中には女性が経営するものも存在した。例えば、P.4907の楊七娘子《ようしちじょうし》、P.3569vの馬三娘《ばさんじょう》やP.2049vaの石婆《せきば》らはみな女主人である。前二者についてはそれぞれどんな民族か明らかではないが、「石婆」はソグド人であるとみて間違いない。伝統的にソグド人は商売に長け、その時その場所に応じて適切な戦略を駆使してきた。「胡姫」に酒を勧めさせるというのはそれを示すひとつの特徴である。敦煌には酒好きが多かったことに加えて、ソグド人が酒店を戦略的に経営展開したことが、当該地域での酒業の発展を強く促すこととなったのである。

音声とは、歌を歌ったり楽器を奏でたりする芸人のことである。P.3730-9「吐蕃《とばん》酉年（八四一）正月沙州《さしゅう》楽人奉仙《ほうせん》等牒《ちょう》」に見える音声はほとんどが女性である。

これまでの研究から、音声には帰義軍衙内に属するものもいれば、寺院に属するものもいたことが明らかとなっている。敦煌社会経済文書の内容はほとんどが帰義軍衙内や寺院に関するものであり、民間の酒店にも歌や楽器を扱う芸人が存在したかについては知る術がない。ただ漢代には酒楼で歌を歌い、酒を勧める伎女がいたらしく、詩に残されている。

……　　　　……

昔有霍家奴、　　そのむかし、霍《かく》家に下僕、
姓馮名子都。　　姓は馮《ふう》にて、その名は子都《しと》。
倚仗将軍勢、　　将軍の権勢笠に着て、

調笑酒家胡。　酒屋の胡人をバカにする。
胡姫年十五、　胡の姫（むすめ）は一五歳、
春日独当壚。　春の日ひとり酒を売る。
……　……
（辛延年《しんえんねん》「羽林郎」）

唐代の酒店では日常的に歌舞が演じられ、酒が勧められていたことは文人・詩人の残した作品の中にたびたび描かれる。我々にも馴染みの深い李白《りはく》を例にあげよう。「鄭裴《ていはい》十八図南帰嵩山《すうざん》」には「胡姫招素手、延客酔金樽（胡姫が白く美しい手で招き、客をひきいれ金の酒樽で酔わせてくれる）」と、「前有樽酒行」には「胡姫貌如花、当壚笑春風（胡姫の容貌は花の如く、春の風のようになごやかな表情で酒を売っている）」と、「少年行」には「落花踏尽游何処、笑入胡姫酒肆中（落花を踏み尽くしてどこで遊ぼうか、胡姫のいる酒肆の中へと笑いながら入っていく）」、「白鼻騧」には「細雨春風花落時、揮鞭直就胡姫飲（細雨や春風に花が散る中を、鞭を振り真っ直ぐ胡姫のところへ向かい酒を飲む）」のように詠われている。ほかの詩人の作品においても同様に、「胡姫酒肆（胡姫がいる酒場）」の様子が描写される。酒肆の独特の雰囲気が彼らの興味を引いたのであろう。しかしながら、胡人の主人のもとに胡人の客が集まる敦煌の酒店では、「胡姫酒肆」は決して珍しいものではなかった。

先に引用した岑参《しんじん》の「敦煌太守後庭歌」には「城頭月出星満天、曲房置酒張錦筵。美人紅妝色正鮮、側垂高髻挿金鈿」と詠われていた（一四九頁参照）。岑参のいう美女が胡姫であったとの確証はないが、錦の筵を広げ酒席を設けるときには美女が寄り添い酒を勧めるという習慣があったことを反映していると考え

られる。
敦煌楡林窟《ゆりんくつ》第三窟に見える醸酒図には、蒸留酒を作る様子が描かれている（なお、これは現存する世界最古の蒸留酒の製造図である）［→図99］。図中には蒸留のために使われるかまどが描かれるが、その上には蓋の上にいくつもの重しを置いた方形の器が置かれ、かまどの空気穴からは青い煙りがゆらゆらと立ちのぼっている。二人の女性の姿が見え、そのうち一人は胡跪《こき》（右膝を地に付け、左膝を立てて跪《ひざまず》く）し、手には吹火筒《ひふきづつ》を持ち、かまどに薪をくべている。もう一人の女性は、薪をくべる女性とおしゃべりをしているようである。横には高足碗、水桶、酒壺などの道具が揃っている。これは「酒女当壚（接待役の女性が酒を売る）」様子を描いたものではないが、酒店の経営に女性がかかわっていた事実を反映している。この二人の女性が胡女であるか否か判断しかねるが、敦煌の酒肆においては女性が重要な役割を果たしていたことは間違いない。

研究者らはこの図を家内工業として焼酎を作る様子を描いたものであると考えており、敦煌ではこの時代にはすでにアルコール度数の高い白酒を作る技術を持っていたことになる。

嘉峪関《かよくかん》魏晋磚画《せんが》墓からも当時の河西回廊《かせいかいろう》における酒の醸造の様子がうかがえる［→図100］。

先に引用した文書（S.4705　一九七頁参照）には、酒

［図99］楡林窟第三窟　酒を醸造する様子

［図100］
嘉峪関魏晋磚画墓　酒を醸造する様子

店で音声が僧侶のために歌を歌い酒を勧め、僧侶はその見返りとして一定の報酬を支払っていた。酒店内で歌を歌う音声がそれを生業とする芸人であったかどうかに関しては資料の不足からははっきりとは分かっていない。ただ、胡人が集まる敦煌において、音声の一部は西域から来た胡人であったことは確かである。また、敦煌では少し後の時代になると、役所おかかえの音声は一種独立した地位を持ち、酒店の客のために歌や舞を演じることが彼らの生計を維持するための手段のひとつとなっていた。ある資料では、梁戸《りょうこ》（搾油《さくゆ》を生業とする戸）でも宴会を行うときには音声に演出を頼んでいたことが記される。このように当時の敦煌では音声を宴会の席に呼ぶことが広く一般的に行われていたと考えられるのである。

今日でも飲食店では、さまざまな角度からサービスの充実が図られている。個室に音響設備やテレビを備え付けている店では、客自身がカラオケを楽しむこともできるし、外から歌手や演奏者を招いて興を添えることもできる。中国西部では酒席に少数民族の演奏員を招くこともあり、その地方独特の雰囲気の中で食事を楽しむことができる。このような飲食店経営の工夫は、現在に始まったことではなく、一〇〇〇年前の敦煌でもすでに見られたのである。

唐代長安で流行した胡姫酒肆は、商売に長けた西域の胡人が経営する酒店のもてなしの方法であり、長安では社会的反響を起こし、文人墨客にも非常に歓迎された。道楽息子らがこぞって集まる場所となり、長安のまちの風物詩となっていたのである。

2. 餅舗

上述の如く、敦煌で最もよく食べられた主食は餅《へい》である。寺院内でも作られていたが、ムギ、麺《むぎこ》、アワなどの穀物と交換に餅を外から入手することも頻繁に行われていた。当時の敦煌には餅を売る店舗や行商人が少なくなかったのである。また、そこで売られていた餅は胡餅《こへい》が多かったようである。例えば、P.4674「民衆の印沙仏《いんしゃぶつ》（仏像をかたどった印を紙や布に押したもの）で胡餅を買う。ムギ一斗、アワ一斗で東界《とうかい》が民衆を接待するための胡餅一斗を買う」、S.5039「アワ三斗で胡餅……を買い、磑頭僧《がいとうそう》（うすの管理に携る僧）の食事にする」、P.4542「ムギ一斗、何寺主が胡餅を買うために用いる。牧子《ぼくし》の接待に使う」といった記録が残されている。寺院ではそれほど多くの餅が必要ではないときは、原料を持って餅店に出向き、出来合いのものと交換していたらしい。

敦煌の人びとの普段の食事は餅が中心であったため、さまざまな餅に対する需要は比較的高く、餅店の経営状況は決して悪くなかったはずである。巷には餅店が建ち並び、街頭にはカゴ一杯の餅を担いだ行商人が行き交っていたものと想像される。

先に引用した（二〇六頁参照）P.3468「駆儺文」中の一句、「餑行稽行、溢於鄽肆」に見える「餑行《ほっこう》」とは「餅行（餅を扱う商店）」のことである。

市場が一定の水準まで発展するころには、必然的に大小統一された規格がしだいに定まり一般化するものである。また逆にそれが市場の成熟度を見る目安ともなり得る。このような観点から見て、敦煌の餅市場は一定の水準に達している。

胡餅を例に説明することとしよう。胡餅には、油胡餅、大胡餅、普通胡餅、小胡餅の四種類があった。油胡餅は麺に油を加えて加工した胡餅で、油と麺の割合は一対二〇が標準である。大胡餅に言及があるのは寺院の帳簿のみで、他の文書中には全く現れないため、特殊なものであると考えられるが、計算したところでは、一枚あたり六合（約一一五グラム）の麺が使われている。普通胡餅は、一枚当たり五合の麺が使われる。小胡餅には一枚当たり二・五合の麺が用いられており、普通胡餅のちょうど半分である。発達した市場が存在しなければ、このような統一した規格が定まることはない。

S.5380には「胡餅四〇、ムギ四斗」と記されるが、それに続いて「残り七斗七升で肉を買う」と一筆添えられていることから、この一文は四斗のムギで四〇個の胡餅を購入したという意味であると理解される。この推測が間違っていなければ、当時胡餅一個当たりの値段は一升のムギに相当するものであったことになる。胡餅をひとつ作るために必要な麺は半升であり、ふすまを取り除いた後の量、一定の加工費を考慮すれば、この価格は当時の状況に見合ったものである。一度に四〇個もの注文に対応できるところから判断して、餅店はそれ相応の規模を構え、一定の加工能力を有していたようである。

筆者の計算によると、当時のコムギの粉採取率は七〇％ほどである。餅店ではふすまを除いた量から二〇％の加工費を差し引いたとしても、餅店の利益は相当なものである。

餅舗の数が多い理由は、またその加工法とも密接に関わっている。餅の加工には、西域で広く用いられる「饢坑《しょうこう》（タンドール窯、ナンを焼くための窯）」が取り入れられていた。この窯は非常に利便性が高く、短時間で大量の餅を焼くことが可能であるため、大口の顧客からの注文にも応えることができた。でき上がる餅は水の含有量が少なく、保存・携帯に向いていた。そのため需要が高く、餅市場が拡大し、これほど多くの餅舗が出現したのである。

酒店と同様に、敦煌の餅店は地元の人間だけでなく、商人や旅客、使節にも商品を供給していた。交易の繁栄により人の往来も増加し、さらには餅店の発展に寄与していたのである。

調理済み食品、半調理済み食品を売る店舗は餅舗だけではない。ほかにも鬚麺《しゆめん》(ひげのような極細麺)等が売られていた。

張敖《ちようごう》撰『新集吉凶書儀《しんしゆうきつきようしよぎ》』には、婚礼の際、新郎側から新婦の家へ送る品物のリストが収録され、その中には「鬚麺」が含まれている。これは乾麺(そうめんのような細いもの)の古い呼び方である。乾麺というのは、麺製品加工技術の向上を示すのみならず、即席食品の発明進歩へのひとつの突破口である。乾麺の製造は非常に難しく、熟練した一定の技術が必要で、どの家でも簡単に作れるものではない。婚礼儀式に欠かすことのできない品物として、リストにあげられていることから考えて、当時の敦煌にはおそらく乾麺を製造販売を請け負う専門の業者が存在したに違いない。

3. 醤醋坊(造酢工場)

敦煌では酸っぱい味付けが好まれた。寺院では毎年春に自家製の酢を仕込んでいたが、時には原料となる穀物を支出して酢を買い求めることもあった。寺院の帳簿には酢を買った(「沽醋《こさく》」「沽酢」)記録が残されている。例えば、S.6233「ムギ三斗を支出して酢を購入する」、P.4957「……五斗、油二升で酢一斗の費用とし、亡き石闍梨《せきじやり》の祭盤と粥に当てる」、S.1733「ムギ九斗で瓜を、麺六斗で酢三斗を購入し、ムギ六斗を胡餅を作るために使う」がそれであるが、ここからは酒をはるかに超える非常に高い値で取引されていたことがわかる。当時の敦煌では、酢の醸造もまた、専門の業者が存在したようである。敦煌文献中に残された『無常経講経文《むじょうきょうこうきょうもん》』には「思いがけず酢を担いで売る行商人に出会した」という一句が見え、敦煌では酢の製造を行う個人や業者が少なからず存在し、でき上がった酢は天秤棒で担いで街を売り歩いたのだろう。酢もまた他の商品と同様に、多くの場合物々交換によって取引されていた。

4. 油坊（搾油工場）

敦煌の人びとは揚げ物を好んで食していたため、大量の食用油が消費されていた。さまざまな植物を原料とした油の加工と販売が盛んに行われ、敦煌の飲食産業の中心をなしていた。多くの寺院では油を絞るための「油梁《ゆりょう》」という道具を揃えており、搾油専門の業者「梁戸《りょうこ》」も存在した。P.4635「某年七月七日社家女人便麺暦」には「曹家の保瑩《ほうえい》に油三瓶を貸す、秋までに四瓶半を返す。穆《ぼく》家の女に油二瓶を貸す、秋までに三瓶を返す。史家の女に油一瓶を貸す、秋までに一瓶半を返す……」と、社家女人の油の貸し借り（「便油」）の記録が残される。これは物々交換による取引ではなく貸借の記録であり、寺院が油の売買に関与していたことを示している。

5.

肉舗

文献中に屠畜場や食肉店に関する記録は残らないが（文書の多くが帰義軍衙内や寺院に関するものであることに起因すると思われる）、敦煌壁画中には屠畜の様子、肉を売る様子がしばしば描かれる。図101は莫高窟第六一窟南壁の屠畜図であるが、袖をまくりあげているのが食肉処理業者で、もう一人が肉を買いに来た客であろう。肉切り台には切り分けられた肉が置かれ、台の下には肉を狙う二匹の犬の姿が見える。図102は莫高窟第一五六窟の肉舗図である。黒い服を身にまとった食肉処理業者のもとに、赤い服を着た客が二人やってきた場面である。

［図101］莫高窟第六一窟　屠畜図

［図102］莫高窟第一五六窟　肉舗図

莫高窟第八五窟の屠畜図では、一軒の肉舗の内部の様子がうかがえる。壁の両側には解体処理された肉の塊がぶらさげられている。店舗中央には二段机（天板下にもう一段隠し天板が取り付けられた机）が置かれている（この機能用途については今後さらに研究していく必要がある）。建物の外には、肉切り台が二台あり、その片方を使って頬にたっ

[図103]
莫高窟第八五窟
屠畜図

ぷりとヒゲを蓄えたたくましい男性が剥皮《はくひ》処理を行っている。もう一方の台には処理の終わった羊肉が置かれ、その下では二匹の犬がおこぼれにあずかっている[→図103]。

これらの壁画に描かれる肉舗は、後漢魏晋期の画像磚墓に描かれる屠畜図の流れを汲むものであるが、また同時に当時の敦煌における肉舗での実際の状景を反映していることは疑いない。

屠畜場や食肉店に関する記録は現存する文献資料中に見えないが、肉の売買記録そのものが残されていないわけではない。S.5008には「油一斗五升、史堆子《したいし》のところで羖羊《こよう》(＝山羊)一頭を購入するために蔭子《いんし》が使った」「ムギ七斗、開口羊の購入に使う(毎年最初に馬圏口《ばけんこう》の渠《きょ》の水門を開けて水を引く際に行う儀式のために羊が用意された)」と記されており、S.5890でもコムギ七斗と交換に羊一頭を買ったことが、あるいはS.4373にもムギ七斗を羊の購入に充てたことが述べられている。ここから、羊一頭の価格はおおよそコムギ七斗に相当したことがわかる。肉舗で売られる羊の価格ではないが、畜産業の発達した敦煌には羊を売買する市場が存在したと考えられる。もちろん肉舗でも羊や牛の肉が売られていたに違いない。

6. その他

敦煌で畜産業がこれほど発達したのにはいくつかの要因がある。例えば、周辺で暮らす遊牧民族や牧畜を生業とする人間が少なからず存在したことに加え、帰義軍政権との取引によりもたらされる供給市場の安定性が挙げられる。酥油《そゆ》と呼ばれる乳製品について見てみよう。本書でもすでに述べた通り、酥油は敦煌の人びとの好物の一つであり、これは吐蕃による統治下に置かれたことと直接的に関係する食品である。市場には需要に見合うだけの酥油が供給されており、文献中にも「沽酥《こそ》（酥油を買う）」という字句がしばしば見受けられる。S.6233には「四日、ムギ六斗を支出して酥油を買う。都頭《ととう》が使った。同日、□□一石七斗五升（一石＝一〇斗＝一〇〇升＝約一九キログラム）で酥油を買った」とあり、敦煌には酥油を扱う小売店が少なからず存在したものと考えられる。

餅に加える薬味として用いられた「草豉《そうし》」についても、専門に販売する商店が存在した。S.5927vaには草豉の購入と使用に関して繰り返し記録されている。なお、同写本にはまた菌子《きんし》、馬芹子《ばきんし》についても言及がある（「アワ六斗を塩の購入に使う。ムギ八斗を草豉二升の購入に使う」「ムギ一斗を菌子一斗の購入に使う」「（前欠）馬芹子二升半、草豉一升」）。S.1733にも草豉とともに椒《しょう》、蓯蓉《じゅよう》などの薬味、調味料の名称が記されている（「精白した麺九石、コメ五升、油六斗、酥油七升、椒一升、草豉三升、ムギ九斗、麺六斗で三斗の酢を買い、ムギ六斗を胡餅の代金に当てた。これらの食品は三年七月一五日、仏盆を煮たり、僧侶らの供養するためなどに用いた」「精白した麺三斗、椒二合、油五升、草豉一升。これらは……」「蓯蓉二升、草豉一升……」）。敦煌では餅を作る際に加えるため椒や草豉は、市場で購入されていた。特に草豉の使用量が際立っているが、敦煌では生産されていなかったことから、薬味や調味料を専門に扱う店に頼っていたと思われる。

P.3034v「買売薑布《きょうふ》等暦」にはショウガが一両（一六両＝一斤＝約六〇〇グラム）当り、六〇文で売られていたことが記されている。ショウガは中国内地で生産され、辺境地域へ、さらには国外へと売りに出されていた伝統的な商品である。敦煌ではショウガは採れず、すべて内地からの供給販売に頼っていたため非常に高級な食材であった。敦煌の人びとは都から運ばれてくるショウガに魅せられ、「児郎偉《じろうい》」という詩の中では酒席での御馳走について「秦地生薑《しょうきょう》（みやこ長安からのショウガ）」という表現をもって大げさに詠いあげている。

敦煌は交通の要所であり、中原や西域、中央アジアから絶えず珍しい品物がもたらされていた。敦煌はまたオアシス農業都市であったが、花椒、生薑、草豉など調味料の多くを外部との交易を通して獲得しており、商業も非常に発達していたのである。

寺院文書には穀物と交換に酥を手に入れていたことが一度ならず記録されている。当時の敦煌では乳製品を扱う商人も活躍していた。またS.5927には「（前欠）……塩を買うために用いる」「アワ六斗を塩の購入に用いる」と見え、塩を取り扱う商店も存在したことが確認できる。

敦煌の特産品であるウリや果物についても、大量に取引されていた記録が文献中に残されており、敦煌の交易市場が非常に発達していたことがわかる。

7. 調理器具、食器の製作と修理

ここでは敦煌で活躍した職人を取り上げたい。彼らは習得した特殊な技術をもって、調理器具や穀物加工器具、搾油器などの製作や修理などを請け負い、寺院や住民に奉仕していた。搾油のための油梁を製作する職人は「木匠《もくしょう》」、いしうすを製作・修理する職人は「石匠《せきしょう》」、甕《おう》を製作する職人は「甕匠《おうしょう》」と呼ばれていた。莫高窟第四五四窟に描かれる製陶図［→図104］には温かい家庭的な雰囲気が溢れている。一本の大木の下で、甕匠が袖をまくり、足で轆轤《ろくろ》を回転させながら盆のような形状をした陶器を作っている。

［図104］
莫高窟第四五四窟　製陶図

その周りには形が整えられたさまざまな陶器や陶土が見える。木の枝には甕匠の服が掛けられている。画面奥には妻と子の姿も見える。また、S.4703には「索万興」という甕匠に関する記述が残されている。

鍋《か》、鑊《かく》、鐺《とう》、鏊《ごう》などの金属製調理器具の製作を専門とする職人は、銑鉄《せんてつ》を鋳型に瀉《そそ》ぐという方法を用いていたことから「瀉匠《しゃしょう》」と呼ばれていた。また別に「古露《ころ》」「古路」とも呼ばれる職人もいた（P.2032v「アワ二斗で酒を買い、古露釜子博士に振舞う」「アワ一斗を匠に支給し、鑊子を修理する博士のために用いる」「麺三碩《せき》二斗、アワ一碩五斗を瀉匠である田盈子《でんえいし》のところで買い、鉄古路釜子のために用いる」）。「古路」は、中国北西部の農村において使われていた「古路鍋匠」という呼称の中に近代まで生きていた。古路鍋匠は主に調理器具や食器の修理や部品の製作を請け負う職人であった。「古路」という語の語源は「箍《こ》（たが）」にあるのかもしれない。なぜなら、割れて裂け目の入った調理器具に金属製のたがをはめ、分解しないように押さえつける作業が古路の仕事の一つであったからである。あるいは「軲轆《ころく》」と関係していたとも考えられる。軲轆は彼らが使っていた工具のひとつであり、先端に刃の取り付けられた木製のきりのことである。きりには回転力を増すためのコマが取り付けられていた。また仕事のときは、きりのほかにも、小坩鍋《かんか》（粘土、石英砂、グラファイトなど耐火性のある材料で作られた皿あるいは罐）、鞴《ふいご》、石炭や銅、鉛などの原料、修理に必要な金属を溶かし亀裂や穴をふさぐために必要な工具や材料を携帯していた。彼らと金属を鋳造する職人との違いは、決まった場所で作業するのではなく出張修理を行っていた点である。一方、「瀉匠」は工房を持ち、そこで作業を行っていた。

敦煌文献中にはまた「旋椀《せんわん》」という語が繰り返し用いられる。例えば、S.3074v「某寺白麺破暦」（吐蕃統治期）には「一六日、白麺二碩を支出して金縈《きんえい》に附し、旋碗博士の食事の費用に充てた」、P.3005には「木工職人が仕事をしてくれたので酒を購入して接待した。量は三斗である。椀を作ってもらった日に博士を接待するために八斗支出した」のように記されている。敦煌では磁器の生産は行われておらず、磁器は中原から交易によりもたらされていた。吐蕃の占領により一定期間交易が中断されたため、木材を加工して食器を作ることとなった。文献に見える木碗、木碟子《ちょうし》、木盤子《ばんし》などはいずれも「旋碗博士」により製作されたものである。「羅底《らてい》博士」「羅筋《らきん》匠」と呼ばれる職人もしばしば登場し、S.4782「麺二斗を羅底博士の食事代に充てる」、P.2040v「アワ三斗を羅筋博士の手間賃として支出する」などがその例である。「羅底」とは粉ふるいの底の網の部分で、絹糸や馬の尻尾の毛を利用して作られ、その製作には一定の技術が必要とされた。「羅筋」もまた網職人に対する呼称である。

調理器具、食器の製作・修理を担う職人らは、酒肆や餅行と同様に敦煌の飲食産業を支え、人びとの日常生活に欠かすことのできない重要な役割を演じていた。

最後に、以上述べたところをまとめておこう。唐五代から宋にかけての敦煌では市場が繁栄し、街には食品や食品の調理加工などに関わる店舗が軒を連ね、露天商が溢れていた。酒店、餅店、醋坊、油坊など製造販売を一手に担うものから、酥油を売る者、調味料の専門店まで揃い、市場は敦煌の街の中でも特ににぎわう注目の場所であったにちがいないのである。

8. 敦煌の調理方法

敦煌文献中には調理方法についての記述はほとんどない。「熟肉《じゅくにく》（ハムやソーセージなどの加工肉）」「煮油麺（油麺を茹でる）」「煮菜（おかずを煮る）」といった表現は散見されるが、当時どのような調理方法が存在し、用いられていたのかはっきりしない。文人らが残した敦煌一帯の名物料理に関する記述が美談として今に伝えられている。
次に岑参の作品を二首引用する。まず一首目は『全唐詩』巻一九九に収録される「玉門関与蓋将軍歌」である。

蓋将軍、真丈夫、　蓋将軍はまさに丈夫《ますらお》、
行年三十執金吾、　三〇歳で執金吾（官名。当時憧れる者が多かった）、
身長七尺頗有鬚。　身の丈七尺、立派な鬚。
玉門関城迥且孤、　玉門関の城門は、遠くぽつんと建ち、
黄沙万里白草枯。　黄砂が広がり（完熟して乾燥したときに白色を呈する）白草さえ枯れる。
南臨犬戎北接胡、　南に犬戎、北には胡、
将軍到来備不虞。　将軍さまが来られたからは備えに一も憂いなし。
五千甲兵胆力粗、　五千の甲兵　度胸と気迫みなぎり、
軍中無事但歓娯。　軍中　為すべきことなくただ歓楽あるのみ。
暖屋繍簾紅地炉、　温かい部屋には刺繍の簾、暖炉はあかあかと燃え、
織成壁衣花氍毹。　タペストリーに模様の絨毯。

灯前侍婢瀉玉壺、
金鐺乱点野駝酥。
紫紱金章左右趨、
聞著即是蒼頭奴。
美人一双閑且都、
朱唇翠眉映明眸。
清歌一曲世所無、
今日喜聞鳳将雛。
可憐絶勝秦羅敷、
使君五馬漫踟躇。

野草繡窠紫羅襦、
紅牙鏤金対樗蒲。
玉盤纎手撒作盧、
衆中誇道不曾輸。
櫪上昂昂皆駿駒、

灯を前に侍女がそそぐ玉の酒壷、
金の鐺《とう》中に野駝酥《やだそ》(野生のラクダのコブ)を炒める。
紫紱《しふつ》(紫は三品以上の高官が身に付けた色)で結んだ金章を身につける人の周囲でせわしく動くのは、
聞けばただの奴僕であるという。
美しい女性二人は閑麗かつ都雅、
朱い唇、墨をひいた眉が美しくきらめく瞳に映える。
澄み切った声で一曲歌うさまは世に二つとなく、
今日は「鳳将雛《ほうしょうすう》」を聞いてうれしい限り。
歌を歌う可憐さは秦氏の羅敷《らふ》(邯鄲の秦氏のむすめ。その美しさは楽府に読まれる)をもはるかにしのぎ、
(羅敷を見た)使君は五頭の馬(が引く馬車)を緩めて(美女の前から離れるのを)躊躇しただけ。

野草で縫いとった住まいに紫の絹の上着、
美人は金が鏤《ちりば》められた紫檀の拍板を打ちならし、樗蒲《ちょほ》(サイコロ遊び)で相対す。
玉盤に(女性の)柔らかな手から放たれるのは勝ちを制するサイコロばかり、
みなの中には負け知らずと大げさに言うものもいた。
うまやには昂然たる駿馬ばかり、

桃花叱撥価最殊。　桃花《とうか》叱撥《しつはつ》という良馬の価がずばぬけている。
騎将猟向城南隅、　これらの良馬に乗って猟に向かうのはまちの南の方、
臘日射殺千年狐。　臘日《おおつごもり》には千歳の狐を射止めている。
我来塞外接辺儲、　わたしが塞外へやってきたのは、辺境の防衛に関わる仕事を引き継ぐためで、
為君取酔酒剰沽。　君がために酔い、さらに残りの酒を買い求める。
酔争酒盞相喧呼、　酔って酒のさかずきを争いみなで騒ぐと、
忽憶咸陽旧酒徒。　忽然と思い起こす、咸陽のふるい酒呑み仲間のことを。

詩では玉門関に駐屯防備する蓋将軍が余暇を使って賑やかに酒を楽しむ場面が誇張された表現を交えながら描写されている。どのような人が参加し、どのような場面での、どのような形式の宴会であったのかなど、その時の状況を読み取ることができ、敦煌文献に記される内容を裏付けるものである。その中でも「金鐺乱点野駝酥」の一句は敦煌でどのような調理方法が用いられていたかを示す貴重な記述である。

敦煌周辺は野生のラクダの生息地として有名である。現在では野生のラクダは保護の対象となっているが、古代、ラクダは狩猟の獲物のひとつであり、ラクダ肉はごちそうであった。古代の詩歌の中にも幾度となく野生のラクダを食する場面が描かれている。

敦煌文献中に残る劉長卿《りゅうちょうけい》「酒賦」には「入凝冬、香満室、紅地炉、相圧膝。銀鐺乱点野駝酥、畳畳酒消魚眼出（冬の寒さが最も厳しいころ、香りが部屋に満ち、暖炉はあかあかと燃え、膝と膝を重ねるようにすり合わせて温まる。銀の鐺には野駝酥が入れられ、一杯また一杯と杯を重ね、酒が消費されるにつれて、目が魚のように丸く開いてく

る）」と詠まれ、ここでも「玉門関与蓋将軍歌」と同じく「乱点野駝酥」という表現が用いられている。「野駝酥」というのは、敦煌一帯の特産品として知られていたにちがいない。

まずは「乱点」から見ていこう。「乱点」とは先を争って鐺（浅く底の平たい大きな鍋）の中の料理に箸を伸ばすことであると解釈されてきたが、筆者はそうではなく加工方法を指しているのではないかと考えている。ここで食べようとしているのは酥であるから箸ではつまみにくい。また敦煌では料理は下僕によって一人分ずつ小皿に盛りつけられるのが一般的であり、今日の宴会料理のように大皿から直接取り分けて食べるのではない。仮に一つの器が共有されたのだとしても、鐺という調理器具から大皿に移し替えないと皆が箸を伸ばすこと（「乱点」）などできはしない。

では「野駝酥」とはどのような料理であったのだろうか。筆者は今に伝わらない「駝峰炙《だほうしゃ》」という料理のことであると考える。「駝峰」とはラクダのコブのことで、伝統のある有名な料理であり、のちに「上八珍（最もランクが高い八大珍味。ほかに中八珍、下八珍と呼ばれるものもある）」のひとつに数えられている。さらにコブにも「甲峰（一級品）」「乙峰（二級品）」があり、透明で光沢のあるものが前者に、白く濁っているものが後者に分類される。昔から珍味として重宝されてきたのである。宋・周密《しゅうみつ》『癸辛雑識《きしんざっしき》』にも駝峰の特徴について「駝之壮者、両峰堅聳、其味甘脆（若いラクダならば、二つのコブがしっかりと立っていて、その味は甘く歯触りがよい）」「駝之老者、両峰偏彈、其味淡韌、如嚼敗絮（老いたラクダであれば、二つのコブは力なく垂れ下がり、味は薄く弾力があり、屑綿を咬んでいるかのようだ）」と表現されている。北西部に住む人びとはラクダのコブの特徴について相当詳しかった。また唐・段成式《だんせいしき》『酉陽雑俎《ゆうようざっそ》』巻七にも「将軍曲良翰、能為驢鬃駝峰炙（将軍・曲良翰《きょくりょうかん》はロバのたてがみ肉やラクダのこぶ肉を炙った料理が得意であった）」と描写されており、この頃には長安でも「駝峰炙」について評判が立っていたらしい。杜甫《とほ》「麗人行」にも「紫駝之峰出翠釜、水晶之盤行素鱗（紫のラクダのコブ肉が翡翠の釜から出され、水晶の盤には魚が盛りつけられている）」と詠まれ、唐・玄宗《げんそう》と楊貴妃《ようきひ》が如何に豪華な食事をしていたかが表現され、楊貴妃が好んだ料理がどのようなものであったのかがうかがわれる。「出翠釜」からは駝峰が釜《ふつ》を使って調理されたことが分かる。駝峰炙は曲良翰の得意料理ではあったが、彼が考え出したものではなく、西部のラクダの産地では有名なものであった。長安ではそれを作ることのできる者が少なかったため、曲良翰の名が売れていたにすぎない。

炙というのは中国で古くから用いられた調理方法である。この文字は会意文字であり、肉を直火であぶり焼くことを意味する。

ラクダのこぶ肉には脂肪が多く、伝統的な「炙」という調理法に従って直火にかけることはできない。そのため鐺、釜などの調理器具が必要となる。鐺は浅くて底が平たい鍋で、このような食材を調理するのに適した形状のものである。「乱点」とあるからには、何らかの道具を用いてかきまぜたり、平らに広げたりしながら、均等に火を通していたのだろう。なお、唐代には煮炊きすることが「炙」と表現され、ラクダのこぶ肉の主な調理方法は煮炊きすることであったと考える学者もいる。

近年、「駝峰炙」を再現しようという試みがなされている。試行錯誤を繰り返した末、編み出された新しい方法というのが、「焼く」と「煮る」という二つの調理法を組み合わせたものである。このような方法によって初めて古代人が「甘脆《かんぜい》（甘く歯触りがよい）」と表現したような味と食感を産み出すことに成功した。したがって、「野駝酥」とは「駝峰炙」のことである可能性が高いと考えられる。なぜならラクダのコブでなければ酥に似た特徴を持つ料理には仕上げることができないからである。

続いて、岑参の「酒泉太守席上酔後作」という詩について検討する。

酒泉太守能剣舞、　酒泉の太守は剣舞が得意、
高堂置酒夜撃鼓。　高堂で一杯やりつつ、夜に鼓を撃つ。
胡笳一曲断人腸、　胡笳の曲を聞けば悲しく、
座上相看涙如雨。　座の中は我も人みな涙雨。
琵琶長笛曲相和、　琵琶と笛とのハーモニー、
羌児胡雛斉唱歌。　羌胡《えびす》の子等もそろって歌い出す。
渾炙犁牛烹野駝、　炙った牛と野駝のこぶ、
交河美酒金叵羅。　交河の美酒に金の叵羅《わん》。
三更酔後軍中寝、　三更《よなか》に酔えば軍中に眠り、
無奈秦山帰夢何。　秦山《みやこ》に帰るは夢のまた夢。

詩の中で詠われるのは軍中での飲酒の様子で、酒の肴は「渾炙犁牛《こんしゃりぎゅう》」と「烹野駝《ほうやだ》」である。「烹野駝」については、先に引用した詩と関連づけて考えれば、「野駝酥」を料理することだと理解できる。「渾炙犁牛」については少し検討が必要である。

「犁牛」は一般に中国西部に見られるヤクのことであると解釈されている。ここで鍵となるのは「渾」である。「渾炙犁牛」はこれまで牛の丸焼きであると考えられてきた。

唐代の詩の中には「渾」という文字が頻用される。当時の食べ物の名称には「渾羊歿忽《こんようぼっこつ》」など「渾」を冠するものもいくらか残っている。これを後世の人びとは動物の丸焼きであると理解してきた。実際、「渾炙犁牛」は辺境での単調な軍隊生活や簡素な料理を形容したものであり、一頭の牛を丸ごと焼いたようなものではありえない。

牛の丸焼きについて記した史料は残っていないが、簡単に調理できるものでなかったことは確かである。牛一頭を丸ごと焼くにはどれほどの大きさの炉が必要であったか想像していただきたい。また、それに用いる燃料の量、火を通すのにかかる時間は如何ばかりか。

岑参の二首の詩は、西部辺境での軍隊生活の様子、その土地に特有の料理とその調理法、宴会の様子などを知るための資料として価値を有するのである。

9. 敦煌の料理人

料理人は日々調理技術を磨き、味でも見た目でも楽しむことのできる栄養価の高い料理の提供を目指している。人類の美食への欲求は尽きるところを知らず、料理人は芸術的な創造力をもってそれに答えるべく日々努力し、結果飲食文化の多様性と調理技術の発達を促進してきた。そのため料理人の仕事は「厨芸《ちゅうげい》（厨房の芸術）」や「烹飪《ほうじん》芸術（調理芸術）」と称えられ、時には「烹飪文化（料理文化）」と呼ばれることもある。史料中には食品の種類や製法に関する記述が残されており、民族的飲食文化を研究する上で大変貴重な情報を得ることができる。しかしながら、それらの料理のアイデアがどのように産み出され、どのよう

［図105］嘉峪関魏晋墓磚画
二人の女性がニワトリを羽毛処理のために湯漬けにしている様子

［図106］嘉峪関魏晋墓磚画　女性料理人の絵

［図107］嘉峪関魏晋墓磚画　女性料理人の絵

に創り出されたのかは明らかではない。ただ記録がないからと言って中国の飲食文化に多大なる貢献をしてきた料理人たちに関する分析を諦めてはならない。古く漢代のものも見られる画像磚墓・壁画墓に描かれた料理人の姿は、中国の調理技法の歴史を如実に伝えている。敦煌から程近い嘉峪関《かよくかん》の魏晋墓には次のような資料が残されている。

図105は二人の女性料理人がニワトリを羽毛処理のために湯漬けにしている様子である。鶏肉はこの頃河西地方で食べられていた食肉のひとつである。

図106では、二人の女性料理人が袖をまくり上げて、両足で跪いている。一人は机の上に成形した蒸餅のような食べ物を甑《しょう》(こしき)の中に入れている。もう一人は右手に箸を持ち、それらをきれいに並べようとしている。

図107には、厨房で料理をしている女性料理人の姿が描かれている。重ねて置かれた四つの机の上に料理人が箸で食べ物を並べているところである。

図108は厨房での調理の様子を描いたものである。二人の女性料理人が忙しそうにしている。二つの机の上には甑から出された蒸餅が置いてあり、料理人は甑や釜など使い終わった器具を片付けている。壁には肉が掛かっている。

図109もまた厨房での作業の様子を描いたものである。男性料理人は台の上で肉を切り、女性料理人は手に箸を持ちながら調理器具を片付けている。壁には肉が掛かっている。

敦煌の飲食に関する資料には、料理を作っていた人に対する言及も見られる。正史には寺院など社会の下層で料理を作っていた人の状況に関して一切触れられることがないため、こういった記事の価値は計り知れない。

［図108］嘉峪関魏晋墓磚画　女性料理人の絵

［図109］嘉峪関魏晋墓磚画　男女料理人が厨房で作業している様子

まずは、食べ物の調理について見てみることにしよう。日常の食事の支度ではなく、何らかの行事が行われるときの食事の準備について取りあげる。儀式や行事のために用意される料理は種類が豊富で見た目にも美しくなければならない。そのためには人手と技術が必要で、普段の食事とは異なり、専門の技術を持った人員が必要となる。

唐五代期から宋代にかけての敦煌では料理を生業とする人のことを「厨師」とは呼んでおらず、今日の厨師とは大きく異なる概念である。

⊙敦煌の料理人に対する呼称

現代中国語で調理に携わる人を一般には「厨師」と呼ぶが、時代を反映してか「烹飪専家（料理研究家）」あるいは「烹飪大師（料理の巨匠）」などともてはやされることも少なくない。古代にはこのような大仰な呼び名は存在せず、料理人もまた単なる技術労働者にすぎなかった。待遇も良くはなく、むしろ社会的地位の低い、卑しい身分であると考えられていた。敦煌文献中にもこの「厨師」に対する幾通りかの呼称が確認できる。

まずは「博士」から取りあげよう。

現在、「博士」は最高位の学位として位置付けられており、非常に名誉ある称号である。しかしながら、唐五代期の敦煌において「博士」というのは、学問・教養のある人をいうのでもなければ、ましてや何らかの学位を有する人物の特権的な称号などではありえない。それは、各種さまざまな特殊技術を身に付け、物を作り出す職人に対する呼び名であった。

七月一五日の盂蘭盆会《うらぼんえ》には、寺院で「仏盆」や「破盆」と呼ばれる行事が執り行われた。規模の大きな飲食活動のひとつで、寺院では専門の料理人を雇って「仏盆」や「破盆」の製作に当たらせていた。「仏盆」や「破盆」を作ることを「煮盆《しやぼん》（盆を煮る）」と表現し、それに携わる料理人を慣例に従って「博士」、特に「煮盆博士」と呼んでいた。S.3074vには次のような記録が残されている。

七月一三日、白麺三碩を支出して金縈《きんえい》に附し、七月一五日に仏盆の供養に充てる。同日、精白した麺二斗を支出して金縈に附し、煮盆博士の食事に充てる。

ここからは、毎年盂蘭盆会の時期になると、寺院からは二碩を超える量の白麺が支出され、「仏盆」あるいは「破盆」に必要な料理が準備されていたことがわかる。ここで食べられていたのは餢飳《ほうとう》が主である。「煮仏盆」とは、油餅を揚げることを言う。量が多く、生地を発酵させる必要もあり、やや複雑な作業となるため、専門の料理人に取り仕切らせていたのである。S.1733によれば盂蘭盆会では塩、草豉、椒等を加えた餅も準備せねばならなかったようで、これもまた一定の技術を要し、素人が簡単に作ることができるものではなかった。

敦煌の職人は一般に独立した身分を有する技術者と見なされており、寺院や帰義軍衙内での作業に当たっては、手間賃が払われるだけでなく、食事も用意され丁重にもてなされていた。「煮盆博士」は「博士」と呼ばれていることから判断して、この種の技術者であったにちがいない。このように、敦煌では飲食業界で活躍するプロの料理人が存在し、官府や寺院、一般家庭における比較的大きな宴会などを取り仕切っていたらしい。現在でも一部の農村では同じような様子が見られる。

次に「造食女人」について考える。彼女らは主に寺院で執り行われるさまざまな儀式や宗教活動における食事の製造を担っている。「造食女人」に関する記述は枚挙にいとまがない。

P.2040vの「粗麺破」の項目には「麺二斗、二季分の仏食を作る女性の食用にする。麺一斗、一二月にまちで転経の際に造食女人の食用にする」と、また「穀麺破」の項目には「粟粉二斗、二季分の仏食を作る女性の食用にする。麺五升、一二月にまちで転経の際に造食女人の食用にする」との記録がある。当時の敦煌では毎年春と秋の二回、比較的大きな仏教活動が行われ、その活動の期間中、寺院では「仏食」と呼ばれる大量の食物が仏に供えられていた。この他にも、寺院で毎年ほぼ決まった時期に設けられる「春秋局席」に関する記録がしばしば文献中に見られる。「仏盆」や「破盆」、帰義軍の最高責任者の送迎などにおいて、規模があまり大きくない場合はこういった「女人」らにより取り仕切られた。例えば、P.2776には「麺二斗、仏盆・破盆を営む衆僧および造食人の食事に用いる」、S.4642には「麺五升、造食女人の節料として用いる」「麺一斗五升、造食女人・看斎女人に用いる」「連麩麺《れんふめん》三斗五升、女人の食事に用いる」「連麩麺一斗、造食女人の食事に用いる」、P.2040vの「粗麺破」の項目には「麺二斗、局席を設ける際に女人の食事として用いる」「麺四斗、九月に造設女人の食用として用いる。麺一斗を尚書が出発するのを見送る食事会の際に女の食事として用いる」などと見える。このほかP.3234(9)にも造食女人に関する記述が多く残されており、仏食だけでなく「庭設局席」や葬儀などの宴席や儀式での食事の準備を担い、さらには酢や醤油の醸造のような重要な仕事に携わることもあった。

［図110］
莫高窟第二三窟
女性料理人が食事を作っている様子

造食女人は壁画にも描かれている。

図110は莫高窟第二三窟に見える造食図である。図中では玉石を敷き詰めた庭で、一人の女性がちょうど三本脚の鑊《かく》を使っており、そのそばには器が二つ置かれている。

造食女人の身分をめぐっては、興味深い問題が存在するように思われる。彼女らは寺院が雇った料理人であったのだろうか、それとも寺院の寺戸であったのであろうか。これに関しては、P.2032vに見える「麺七碩六斗五升、油三斗七升、酥一、アワ六碩三斗、粗麺三斗、鐘楼を建てるとき官造盤の接待や和尚、工匠、施主や村の人、当該寺院の女人などの歓待に用いる」「粗麺一斗、酒を醸造するときに染氈《せんせん》胎《たい》女人の二回分の食事に用いる」という記述から手掛かりを得ることができる。「造食女人」は「当該寺院の女人」に対応しており、つまり寺院の寺戸であったということである。寺院内での奉仕活動を主な仕事とし、染氈(フェルトを染める)、聚菜《しゆさい》(蔬菜を採取する)、造食などの作業に従事していた。食事として提供された食品は粗麺ではないものの穀物の粉であり、精白された麺を口にすることはほとんどなかった。よって、彼女たちの寺院での地位は低かったものと思われる。

寺院ではその管轄下にある「寺戸」に対しては食糧を支給する代わりに、無償で寺院に奉仕することが求められていた。彼らの家族、つまり「当寺女人(当該寺院の女人)」たちに身分や地位はなく、一年中寺院での労働に従事し、各種行事においては食事の支度を担っていたが、寺院から支給される食糧は「粗麺」や「連麩麺」、「穀麺」などの雑穀ばかりであった。

女性の地位が低かった古代社会においては、これらの専門の調理技術を持った女性はまともな呼称をあたえられていなかっただけでなく、待遇も悪く、造食の仕事がある期間に支給される食物原料も多くの場合雑穀であった。「煮盆博士」と比較しても、社会的地位は非常に低かったのである。

三番目は「都師」である。これは寺院の料理人、あるいは造食の管理を担当する人間に対する呼び名である。

都師はもともと僧職にあるものであった。しかし、敦煌文書を見てみると彼らの従事している仕事は一定の技術を要するものが多く、彼らの身分は寺院での造食の管理をする僧官であったようである。あるいはこの呼称が指す対象が変化し、ある種の専門技術をもつ職人をいうようになったのかもしれない。S.5937「庚子年(九四〇?)十二月廿二日都師願通沿常住破暦」には「麩《ふすま》二石、都師に酢を作るために渡す」「また麩二石、都師に酢を作るために渡す」といった記述が見られる。また、S.6275「丙午年（九四六?）十一月就庫納油付都師暦」は寺院関連の文書であるが、麺や油を都師に渡したことについて次のように記されている。

丙午年一一月一〇日、油一斗、都師に渡して造食し、衆僧の教化時の食用とするために倉庫から受け取る。一一日、油二升、都師に渡して餢飳《ほうとう》を作り、教化する時の食用とするために倉庫から受け取る。一八日、油一斗を倉庫から受け出し、都師に渡してまた冬至の節料として用いる。一九日、油三升を倉庫から受け出し、都師に渡してまた冬至の……（後欠）……油一升を倉庫から受け出し、都師に渡して精霍《せいかく》（一種の野菜スープ。ときに「菁臛《せいかく》」とも表記される）を作るのに用いる……（以下欠）……四升を都師に渡し、仏食を作るのに用いる……（以下欠）……。

ここから明らかなのは、都師は寺院で日常的に管理を行う僧であり、少なくとも何らかの技術を持っており、言うまでもなくその中には調理を行う僧も含まれている。

また、都師とよく似た性格の職業的宗教者の女性で「阿師子《あしし》」と呼ばれるものが確認できる。P.3578 には以下のような記述があり、注目に値する。

一五日、寺院内で燃灯会《ねんとうえ》のための油一升を阿婎《あひ》阿師子に渡す。二二日朝、阿婎阿師子がまちの局席に行く際に油八升を持参する。二月八日、油二升、陰師子に渡す。一九日、寒食を作るために油五升を氾法律、張法律に渡す。三月二四日、報恩寺《ほうおんじ》の李僧政が亡くなられたので、故人に贈る油三升を氾法律、張師子に渡す。一五日寺院内で仏食を作るための油三升を張師子に渡す。二〇日、仏食を作るための油五升を張師子、阿雉阿師子に渡す。二六日、東窟で大王の接待をするための油四升を阿雉阿師子、張師子の二人に渡す。五月四日、羅闍梨に返すための油二升を張師子、羅師子の二人に渡す。六月一二日、賀師子の誦戒《ずかい》の局席のための油一斗六升……

P.4907には「都官社が弔うためのアワ一斗、親事が鄧家の阿師子を弔うためのアワ一斗」といった記録がある。これ以外の写本にも「師子」と呼ばれる女性が何度も登場する。例えば、P.3745には「蔣師子」「氾家阿師子」「令狐師子」、S.4525には「醜子阿師子」と見える。

料理の材料が大量に阿師子に受け渡されていることから見て、寺院によっては阿師子が食事の支度や食べ物の管理を行っていたようである。

寺院の僧尼の中には調理を担当している間に腕をあげ、高度な調理技術を身につけるものもいた。儀式や行事の際にもプロの料理人に依頼せず、彼らが食事をすべて担っていたようである。S.1519（2）「また麺《むぎこ》二斗、油一合、酒一角（一角＝一五升＝一斗半）、二日接待用の食事を作る尼闍梨が用いる」、P.2040v「麺二斗、お供え用の食事と僧侶のための食事に用いる」と見える。またP.3491にも仏事の際にどのように役割分担がなされたかが記録されており、羹《かん》や餺飥《はくたく》の調理、ご飯の支度を任された僧侶がいたことがわかる。儀式や行事のときには「女人」だけでなく、僧尼らも食事の準備に携わっていたのである。

四番目は「火人」である。

P.4906「年代不明某寺諸色破用暦」には「貉《かく》麺一斗を宴席での火人の食事に用いた」と記されている。「貉麺」とは雑穀をいい、「火人」の身分は低かったことがわかる。昔、将軍の部隊の料理人は「火夫」或いは「火頭軍」と呼ばれていたことがあり、敦煌で「火人」と呼ばれる人もまた料理に携わる者であったと考えられる。

敦煌には数多くの酒屋があり、そこでは酒だけでなくそれに合わせた料理や主食も提供されていた。このことは、僧侶がしばしば酒屋に行って「喫酒（酒を飲む、食べる）」していたことを記録する資料が少なからず残されていることからもわかる。酒屋に行って酒だけを飲んでいたとは考えにくい。酒屋が立ち並び、飲食市場の繁栄した敦煌において、料理人というのは比較的もてはやされた職業であったに違いない。敦煌には他にも多くの餅店があり、寺院でも頻繁にムギやアワなどの穀物と交換に市場で餅を手に入れていた。餅作りに従事する料理人が少なくなかったことが容易に想像される。今日の点心にあたる飣餖《ていとう》、各種饊子《さんし》、小食子《しょうしょくし》といった型抜き菓子についても専門の料理人が必要であり、専門の工房で製作されることもあった。

最後に、以上述べたところをまとめておこう。敦煌の料理人は主に女性であり、帰義軍衙内での重要な祭日であれ、寺院の仏教行事であれ、食べ物の製造を行うときには女性が主に「造食」の仕事を受け持っていた。彼女たちは食べ物の製造だけでなく、時には寺院で酢や酒の醸造なども行っていた。寺院で造食する女性の料理人は寺戸の女性が中心で、寺院に隷属しており、社会的地位も低かった。彼女たちは仏教行事に参加するためにやってくる帰義軍のトップや高僧のために精巧で美しい料理を用意し、一方で彼女たち自身が口にできたのは粗麺や黒麺、アワ麺などの雑穀であった。俗世での差別は衆生の平等を主張する寺院内にも同様に持ち込まれていたのである。寺院によっては僧尼ら自身が仏教行事のための食べ物を用意することもあった。七月一五日の盂蘭盆会のような規模の大きな仏事では、食べ物の準備のために「煮盆博士」と呼ばれる専門の男性料理人を招いて取り仕切らせていたのである。

⦿飲食活動の組織と管理

帰義軍衙内や寺院、あるいは慶弔の儀式にともなう大規模な飲食活動の統制や食べ物の製造からも、当時の敦煌における料理人のずば抜けた組織力や管理能力が読み取られる。

帰義軍衙内には宴設司が設けられていた。これは、各国からの使節の接待や帰義軍政権内で年間を通して行われるさまざまな祭祀で用いられる食物の準備、あるいは帰義軍衙内で作業に当たる職人らの食事の提供といった役目を担う専門の機関であった。度々行われる各種外交行事や祭祀において、食べ物の製造はこれらの専門の料理人が受け持っていた。ここで注目したいのはS.1366に記される破暦中に見える「賞設司女人漢七人各中次一分」という一文である。「設司女人漢」とは設司の管理下にある料理人で、「火人」ら厨房で働いていた者をいう。次の資料はある寒食の宴会に関するものであるが、この時用意された料理の量は非常に多く、前例のない規模の造食活動であった。

細供《さいきょう》(雑穀ではなく米やコムギを加工して作る食品)一五八〇人前、胡餅二九一四人前、胡餑餤《ほうとう》八八六枚、餅二五〇枚、小食子用の麺七斗、油五升、貼蒸餅《ちょうじょうへい》用の麺四石、餪餅《だんへい》用の麺四斗、僧侶らの餺飥《ほったく》に用いる麺五斗、油一升、灌腸麺《かんちょうめん》八斗、酒戸に与える胡餅一四〇枚、細供一人前……(中略)……計麺五三石三斗九升七合、油一石七斗三升四合四勺を用いる。

もしこれが一回の食事で消費されたとすれば、数千人がこの飲食活動に参加したことになる。灌腸を作るために必要な羊の腸は二〇頭分を超える（一頭分の腸に詰める麺は三升である）。このような大規模な活動ではさまざまな種類のおかずの準備も不可欠である。これだけの料理を準備するのは決して簡単ではないが、この作業に携わっていたのはたった七人の料理人である。餅類は前もって作り置きができるとはいえ、設司の料理人の技術と組織力は相当なものであった。そのため、飲食活動が無事終了した後には、彼らに褒美が与えられたのである。また、この資料でも宴設司で造食に当っていたのは主に女性である。寺院の飲食活動では、規模が大きくなればなるほど、順を追って規律正しく取り計らうことが重要となってくる。

P.3231は平康《へいこう》郷で数年間のうちに行われた官斎において用いられた食品の原料配分と製造に関する帳簿であり、ここからは食べ物の製造は平康郷の住民が受け持っていたことがわかる。その管理は、官斎の責任者が食品の原料をそれぞれ数人に分配し、予め決められた市場での規格に従って完成した食品を納めさせる、という方法が用いられている。また「浄草（御手拭き）」の用意や「鋪設（会場の設営）」、碗や碟の配膳といった作業の担当が割り振られていた。責任者は「頭」と呼ばれ、非常に周到に人手を配置していた。

また次のような現象も見られる。一定の食品に関しては毎年それを請け負う者が決まっていた。これらの食品の製造には比較的複雑な技術が必要であり、顔ぶれにはほとんど変化がない。彼らは一定の技術を持つ敦煌の料理人であったようである。先に引用した䭔子《たいし》の製造に関わる資料（P. 3231　一八九頁参照）

では、平康郷では菜模子《さいもし》と䭔子の製造を担当する人物は数年間ほぼ同じで、䭔子作りもすでに専業化していたことがわかる。
帰義軍のトップが主催する斎僧活動ではややもすれば一〇〇〇人を超える規模になるが、官斎の場合と同様に各人に食品が分配され、それぞれの専任者によって分業されていたものと考えられる。またいくつかの文献からは、寺院における比較的規模の大きな飲食活動でも同じような方法で管理が行われていたことが見える。

社人が集う宴会の管理もまた特定の人物が食物の製作や道具の管理を受け持っていた。例えば、P.3745「三月廿八日営小食納付油麵柴食飯等数」には現在でいうところの割り勘方式の食事会について記されている。以下にその内容を引用し、各人が持ち寄った食器や食べ物の内訳を見てみることにする。

食品の数
張都頭。不足なし
漆椀二、畳子《じょうし》一、椀子九、尊盛二、塁子《るいし》一
索押衙。十分であるが、胡餅、蒸餅、漆椀一を欠く
索懐慶。不足なし
蒸餅、畳子九、椀子七、官布一疋《ひき》（長さ約二四～二五尺。一尺＝約三〇センチメートル）
索江進。不足なし
蒸餅、椀子六枚、畳子・塁子九枚、盛子二

索住子。不足なし
蒸餅
令狐師子。十分であるが、また一つ蒸餅を欠く。
椀子七、畳子七枚
蔣師子。不足なし
胡餅・蒸餅、椀子一〇、畳子一〇、𤭘子二、漆椀一
曹髫子。不足なし
蒸餅・䭔餅・椀子一〇、畳子九、盛子二、漆椀二、𤭘子二、布一疋
張押衙。不足なし
蒸餅・䭔餅・椀子六、阿葉子(ハスの葉)五、□布一疋

合計すると、参加者は名前が挙がっている者だけでも一〇人ほどになる。持ち寄られた食品はほとんどが調理済みのもので、その他食器・敷物が六種類(椀子、碟子、盛子、𤭘子、布、阿葉子)もあり、そのうち漆椀が六枚、碗子が五五枚、盛子(玉杓子)六(もし書き誤りでないとすれば、「尊盛」とも呼ばれることがあったようである)、布が三疋(皿などの下に置く敷物)、碟子が(はっきり確認できる分だけで)三五が含まれている。𤭘子に関しては碟子と一緒になっているので数がはっきりしない。

ここから、当時の敦煌ではこれと同様の集まりがあるときや、仏事における集団での飲食活動などにおいては、各人に食品が分配されたあと、それぞれ特定の責任者のもとで製造が行われ、食器が用意さ

れていたことがわかる。

S.4700＋S.4121＋S.4643＋北図新1450は陰家の婢子小娘子が結婚した際の披露宴の招待客名簿である（一三七頁参照）。そこに記される来客は六〇〇人近くに上っている。これほど多くの客が食事するとなれば、食卓一脚当り八〜一〇人が着いたとしても、五〇を超える食卓が必要となり、準備する料理もかなりの量になる。これほどの規模の宴会はそう簡単に準備できるものではなく、相当な組織力、実行能力や手際の良さを持ち合わせていたにちがいない。

葬送儀礼においては、弔問客の数が少なくない上に、飲食活動の内容も複雑になる。今日でもそうであるが、弔問客によっては「祭盤」と呼ばれる蒸餅などを組み合わせて作った食べ物を持参せねばならない。粥なども調理して弔問客に振る舞う必要があり、埋葬時には墓の前でも調理する必要があり、料理人なしに葬送儀礼を行うことはできなかったのである。

おわりに

食事というものの本質は、人の生理的欲求を満たし、身体に必要な栄養を補給し、生命活動を維持することにある。しかしこれが満たされたとき、次の段階として社会的・文化的意義を持ちうるのである。

二〇世紀初頭、一〇〇〇年もの間閉ざされていた莫高窟蔵経洞が開かれ、我々は古代文明の豊かさに驚倒せざるを得なかった。そして、何万巻もの文書に直接記される内容だけでなく、徐々に行間に隠された様々な意味に気づかされるのである。宕泉河《とうせんが》の河畔の壁面にハチの巣のように密集して掘られた洞窟には、何万平方メートルに渡って色とりどりの壁画が描かれ、その中には昔の人の食事風景も少なからず見られる。これらの壁画は、当時の敦煌で何がどのように食べられていたかを如実に示すだけでなく、中国の飲食文化が人類に与えた影響の大きさを裏付けるものでもある。

これらの材料を詳しく検討することにより、謎のベールに包まれた一〇〇〇年前の敦煌の飲食文化を解き明かし、それが中国全体、ひいては中国と西方の文化交流において果たした意義を知ることが可能になった。東西文化交流の重要な中継地点であった敦煌には、東西南北各地からさまざまな材料が集まり、多様な調理方法が導入され、それにともなって、食事に対する考え方や礼儀作法も取り入れられていた。中国の飲食文化を研究する上で、詳細かつ精確な資料であるだけでなく、これまでの史料で足りなかった部分、全く記されていなかった部分を補足し、埋める役割をも持つのである。生き生きと描かれる史料や壁画を見る時、我々はあたかも目の前に胡餅や餺飥が並び、古人が歌を詠み舞を舞う、にぎやかな宴会の席にいるような錯覚を覚えるのである。そしてまた、一〇〇〇年の昔、万里のかなたに思いをはせ、中華文明の歴史と奥深さ、敦煌からもたらされた美食文化を思わずにはいられない。読者のみなさまにも、本書を通して楽しい宴のひとときを過ごしていただけたことを切に願う次第である。

訳者あとがき

訳者がはじめて原著者である高啓安先生にお目にかかったのは二〇〇六年九月のことでした。機会あるごとに、高先生は中国西北地方の珍しい食べ物についてお話くださり、当時まだ敦煌に行ったことのなかった訳者は、いつか実際に口にできる日を楽しみに耳を傾けていました。その後、蘭州大学敦煌学研究所への留学が決まり、念願がかなって高先生の手料理を含め、本書でも紹介されるさまざまな餅も味わうことができました。日本帰国後、その中で最も頻繁に思い出されるのは、原著タイトル（『旨酒羔羊』）にも見える羊料理です。

このようなご縁があり、今回の日本語版の出版に際しては微力ながら私が翻訳を担当させていただくこととなりました。すでに高先生との「食べ歩き」を通して敦煌の飲食文化に対していささかの知識を得ていたとはいえ、日本語でそれを表現するのは非常に困難であり、原稿が完成するまで毎日のようにQQで高先生とチャットをし、草稿に目を通していただき、その都度貴重なご意見を賜りました。その過程で原著の誤字・脱字など若干の補訂を行い、日本の読者向けに注釈を加えているため、原著と必ずしも対応しない箇所があります。本文の加筆・訂正部分はすべて著者の意見を踏まえるとはいえ、現在も残っている翻訳上の誤り等の責任は当然ながら訳者にあります。また、監訳していただいた高田時雄先生にも、この場を借りてお礼申し上げたいと思います。

最後になりましたが、本書の校正に当たっては、船山明音さんが、読者・編集者の立場から終始細やかに意見を呈してくださり、また原稿の送付など、東方書店コンテンツ事業部の川崎道雄さんにもお世話いただきました。ここに記して、感謝申し上げます。

訳者　**山本孝子**

[図59]莫高窟第一一三窟　婚宴図線図
[図60]莫高窟第四七四窟　婚宴図
[図61]莫高窟第三三窟　婚宴図
[図62] S.0259v　婚宴図
[図63]莫高窟第一五九窟　斎僧図
[図64]莫高窟第六一窟　参拝者が捧げ持つ蒸餅
[図65]莫高窟第二三六窟　供養図に見える蒸餅
[図66]莫高窟第一五四窟　斎僧図に見える食物
[図67]トルファン出土　各種食物
[図68]莫高窟第九窟　婚宴図
[図69]莫高窟第四四五窟　婚宴図
[図70]莫高窟第一一三窟　婚宴図
[図71]莫高窟第一四八窟　婚宴図
[図72]莫高窟第四七四窟　婚宴図
[図73]楡林窟第二〇窟　婚宴図
[図74]莫高窟第三六〇窟　歓宴図
[図75]莫高窟第六一窟　歓宴図
[図76]嘉峪関魏晋墓磚画　家宴図
[図77]宴会での席次の見取り図
[図78]莫高窟第一〇八窟　歓宴図
[図79]莫高窟第一二窟　婚宴図
[図80]長安南王里村出土　歓宴図(唐代)
[図81]楡林窟第二〇窟　婚宴図
[図82] P.6983『観音普門品』中に見える二人が向かい合って酒を酌み交わす場面
[図83]楡林窟第三八窟　婚宴図
[図84]嘉峪関魏晋墓磚画　二人の人物が向かい合って食事をする様子
[図85]嘉峪関魏晋墓磚画　一人で座って食事をする図
[図86]嘉峪関魏晋墓磚画　食事が運ばれる様子
[図87]莫高窟第六一窟　慶事の宴会で下僕が食事を運ぶ様子
[図88]莫高窟第二五窟　婚宴図
[図89]嘉峪関魏晋墓磚画　柄の曲がったスプーンの図
[図90]莫高窟第六一窟　歓宴図
[図91]莫高窟第一二窟　歓宴図
[図92]莫高窟第一四六窟　歓宴図
[図93]莫高窟第九八窟　歓宴図
[図94]莫高窟第一四八窟　食物を供える場面
[図95]莫高窟第六一窟　香を焚いて参拝する様子
[図96]莫高窟第二三六窟　斎僧図
[図97]莫高窟第一二窟　斎僧図
[図98]莫高窟第二一七窟　斎僧図
[図99]楡林窟第三窟　酒を醸造する様子
[図100]嘉峪関魏晋墓磚画　酒を醸造する様子
[図101]莫高窟第六一窟　屠畜図
[図102]莫高窟第一五六窟　肉舗図
[図103]莫高窟第八五窟　屠畜図
[図104]莫高窟第四五四窟　製陶図
[図105]嘉峪関魏晋墓磚画　二人の女性がニワトリを羽毛処理のために湯漬けにしている様子
[図106]嘉峪関魏晋墓磚画　女性料理人の絵
[図107]嘉峪関魏晋墓磚画　女性料理人の絵
[図108]嘉峪関魏晋墓磚画　女性料理人の絵
[図109]嘉峪関魏晋墓磚画　男女料理人が厨房で作業している様子
[図110]莫高窟第二三窟　女性料理人が食事を作っている様子
図版は敦煌研究院、張宝璽氏、高啓安氏ほかからの提供による。

参考文献

[1]甘粛省文物隊・甘粛省博物館・嘉峪関市文物管理所『嘉峪関壁画墓発掘報告』、北京:文物出版社、一九八五年
[2]戴春陽・張瓏『敦煌祁家湾――西晋十六国墓葬発掘報告』、北京:文物出版社、一九九四年
[3]石毛直道、趙栄光訳『飲食文明論』、哈爾浜:黒龍江科学技術出版社、一九九二年
[4]王昆吾『唐代酒令芸術』、上海:知識出版社、一九九五年

図版目録

《走進敦煌》叢書日本語版あとがき

敦煌莫高窟とその文物が世界に知られるようになってすでに百年を越えた。石窟の壁を彩る夥しい数の絵画や塑像、いわゆる蔵経洞から発見された大量かつ貴重な〝敦煌遺書〟は世界の学者に注目され、長年の研究によって古代敦煌の社会と文化の実像が次々に明らかになった。その研究は敦煌学と呼ばれ、かつて日本はその中心の一つであった。その所為でもあるまいが〝敦煌〟は専門の学者のほかに、広く一般にも認知され、一大ブームとなったこともある。ともあれ日本では〝敦煌〟を知らない人は少なかろう。

一方、二〇世紀の八〇年代以降、中国国内でも敦煌熱がたいへんな高まりを見せ、それと同時に敦煌学の研究が著しい発展を遂げた。研究者の数の増加、研究論著の出版数はまことに目を見張るばかりである。新しい研究成果も続々と現れている。いまや敦煌学では日本は中国の後塵を拝するようになった。ところで中国敦煌学の成果は、純粋に学術的な論文として発表されるばかりでなく、一般の読者を対象としたシリーズのような形でも提供されている。甘粛教育出版社が刊行した《走進敦煌》叢書はその代表例である。〝走進敦煌〟という叢書名は、なかなか日本語に訳しづらい。「敦煌みちしるべ」か、当世風にはむしろ「敦煌へのパスポート」であろうか。いずれにせよ意図するところは敦煌学の普及読物である。ただ一般向けとはいえ、その内容は中国敦煌学の最先端の成果が反映されていて、今日の日本ではなかなか類書を得難いと思われる。

甘粛教育出版社では中国新聞出版総署の「経典中国国際出版工程」助成金により日本語版を出版し、日本の読者に中国敦煌学の成果を紹介したいという。幸い、東方書店がその趣旨に賛同し、ひとまず全十二冊のうち日本の読者にもっとも相応しい三冊を選んで、翻訳刊行の運びとなった。甘粛教育出版社の企画と東方書店の英断に敬意を表するとともに、この三冊が日本の読書界に好意をもって迎えられ、その結果として、他の書物も続刊されることを期待したい。

高田時雄

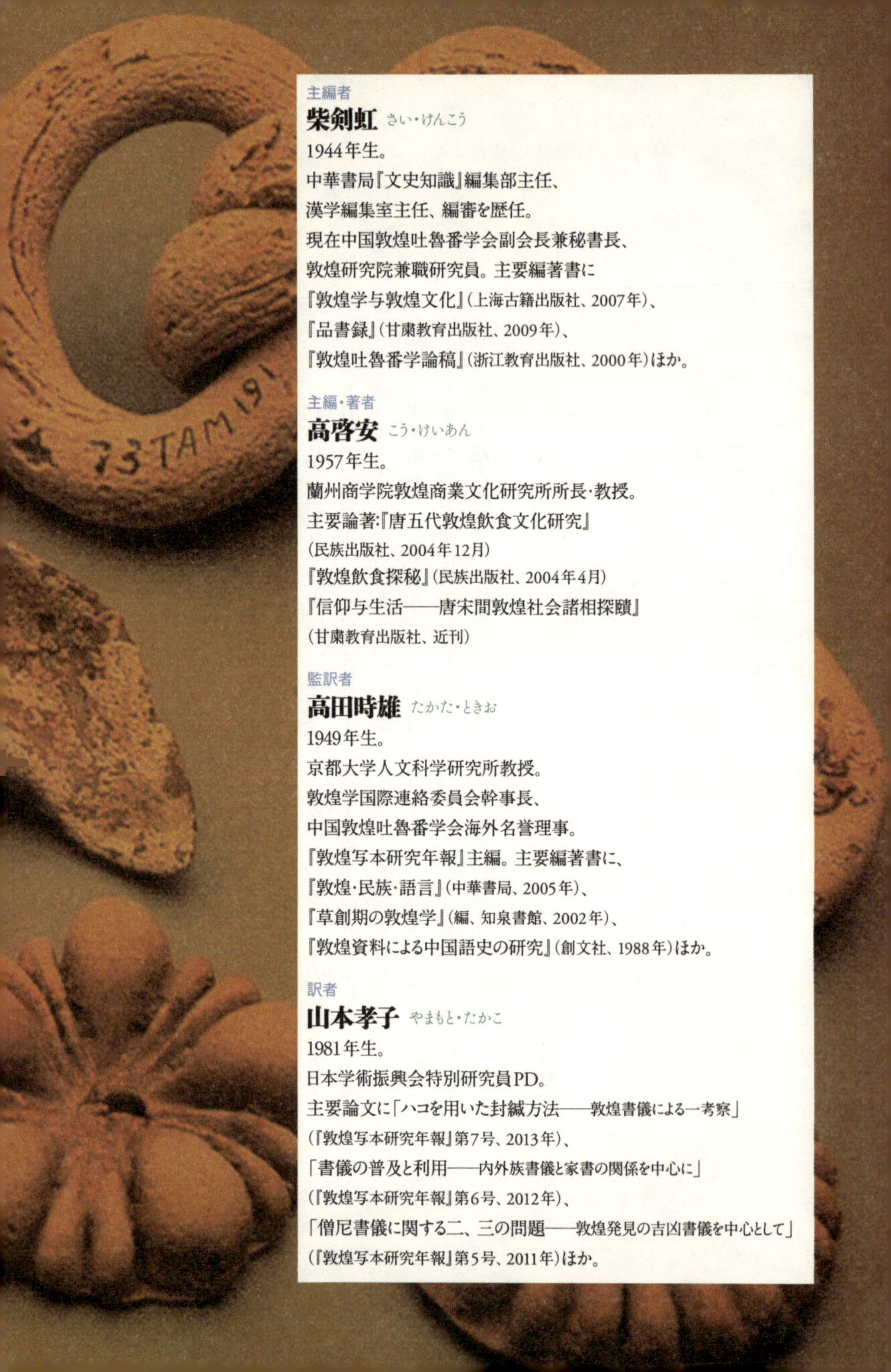

主編者

柴剣虹《さい・けんこう》

1944年生。
中華書局『文史知識』編集部主任、
漢学編集室主任、編審を歴任。
現在中国敦煌吐魯番学会副会長兼秘書長、
敦煌研究院兼職研究員。主要編著書に
『敦煌学与敦煌文化』（上海古籍出版社、2007年）、
『品書録』（甘粛教育出版社、2009年）、
『敦煌吐魯番学論稿』（浙江教育出版社、2000年）ほか。

主編・著者

高啓安《こう・けいあん》

1957年生。
蘭州商学院敦煌商業文化研究所所長・教授。
主要論著:『唐五代敦煌飲食文化研究』
（民族出版社、2004年12月）
『敦煌飲食探秘』（民族出版社、2004年4月）
『信仰与生活――唐宋間敦煌社会諸相探賾』
（甘粛教育出版社、近刊）

監訳者

高田時雄《たかた・ときお》

1949年生。
京都大学人文科学研究所教授。
敦煌学国際連絡委員会幹事長、
中国敦煌吐魯番学会海外名誉理事。
『敦煌写本研究年報』主編。主要編著書に、
『敦煌・民族・語言』（中華書局、2005年）、
『草創期の敦煌学』（編、知泉書館、2002年）、
『敦煌資料による中国語史の研究』（創文社、1988年）ほか。

訳者

山本孝子《やまもと・たかこ》

1981年生。

日本学術振興会特別研究員PD。

主要論文に「ハコを用いた封緘方法――敦煌書儀による一考察」

（『敦煌写本研究年報』第7号、2013年）、

「書儀の普及と利用――内外族書儀と家書の関係を中心に」

（『敦煌写本研究年報』第6号、2012年）、

「僧尼書儀に関する二、三の問題――敦煌発見の吉凶書儀を中心として」

（『敦煌写本研究年報』第5号、2011年）ほか。

東方書店＋甘粛教育出版社 共同出版

敦煌歴史文化絵巻

敦煌《とんこう》の飲食文化《いんしょくぶんか》

二〇一三年七月三一日　初版第一刷発行

著者　高啓安
訳者　高田時雄 監訳
　　　山本孝子 訳
発行者　山田真史
発行所　株式会社東方書店
〒一〇一―〇〇五一
東京都千代田区神田神保町一―三
電話　〇三―三二九四―一〇〇一
営業電話　〇三―三九三七―〇三〇〇
ブックデザイン　鈴木一誌・桜井雄一郎
校正協力　船山明音
印刷・製本　甘粛教育出版社
シナノパブリッシングプレス

原書：旨酒羔羊—敦煌的饮食文化／高启安／甘肃教育出版社／2007年12月

定価はカバーに表示してあります

ISBN978-4-497-21205-4 C1322

東方書店出版案内

◆五胡十六国　中国史上の民族大移動〔新訂版〕【東方選書43】

三﨑良章著／三～五世紀半ばの大分裂時代、「五胡十六国時代」に光を当て、中国社会が多民族の融合の上に形成されたことを史料のみならず墓室画像などの出土品も用いて明らかにする。二〇〇二年刊行書籍の新訂版。

四六判二四〇頁◎定価二二〇〇円（本体二〇〇〇円）ISBN978-4-497-21222-1

◆大月氏　中央アジアに謎の民族を尋ねて〔新装版〕【東方選書38】

小谷仲男著／シルクロードの開拓者として名高い漢の張騫が目指した遊牧民族の国・大月氏。本書では、中央アジアにおける最新の考古学資料を活用して大月氏の実態解明を試みる。装幀・組版を一新した新装版。

四六判二五六頁◎定価二二〇〇円（本体二〇〇〇円）ISBN978-4-497-21005-0

◆匈　奴　古代遊牧国家の興亡【東方選書31】

沢田勲著／北アジア史上最初に登場した騎馬遊牧民族・匈奴の勃興から分裂・衰退までをたどるとともに、その社会・文化を紹介し、古代遊牧民の実態を解き明かす。また、東西の歴史に及ぼした影響をも考察する。

四六判二四〇頁◎定価一五七五円（本体一五〇〇円）ISBN978-4-497-96506-6